大展好書　好書大展
品嘗好書　冠群可期

大展好書　好書大展

品嘗好書　冠群可期

中華傳統武術 16

中國查拳實用拳法

丁明業 主編

大展出版社有限公司

主　　編：丁明業

副主編：丁金鳳　任士偉

顧　　問：丁祖文　劉鴻池　黃康輝

編　　委：王洪平　謝業雷　張東方

　　　　　杜林功　秦兆星　梁　軍

　　　　　王廣東　羅樹根　蕭　毅

　　　　　陳　竺

攝　　影：龐松嶺

序

武術是中華民族的瑰寶，是廣大人民群眾在長期的社會實踐，生產實踐中逐漸創造、發展形成的。它既有以地域、自然、氣候等特點形成的「南拳北腿」，也有因民族、習俗、環境等特點形成的各種流派的拳種。

查拳作爲眾多拳種流派中的重要一支，姿勢舒展挺拔，發力迅猛，動靜有致，剛柔兼備，節奏鮮明，步法靈活多變，結構嚴謹，功架整齊，是長拳類型中較爲系統的拳種。

查拳的發源地是山東省冠縣張伊莊。當地民風淳樸，尚武之風甚盛。經過多代人的豐富和完善，目前查拳已經形成了一個內容豐富、理論成熟的龐大拳系，盛行於山東、河北、河南、北京、山西等地。近幾年來，特別是隨著市場經濟的迅速發展，查拳的練習者越來越多，遍及海內外。

丁明業出生於查拳的故鄉，自幼習武，幾十年來堅持不懈地習練查拳，積累了一定的經驗，對查拳的發展歷程和重要價值有著非常深入的瞭解，加上他同時掌握了太極拳、形意拳、八卦掌等拳種，博採眾長，對武術的技擊功能有著獨到的理解。

爲了寫好《中國查拳實用拳法》這本書，他多處

奔波走訪調查，查閱了大量資料，對於查拳每個動作
的應用，反覆揣摩，精心求證，並且觸類旁通，舉一
反三，借鑒別的拳種的優點，許多提法、用法見解獨
到，科學合理，令人耳目一新。在查拳的具體應用
中，他突出了以巧制敵、不受任何套子的約束和限
制，非常實用。該書技術系統較完整，內容豐富，具
有較高的實用和推廣價值。

　　「明理尚德」是練好查拳的先決要求，也是中華
武術傳習的基本要求。只有對查拳的歷史和用法有一
個準確的認識，才能使查拳進一步發揚光大，使武術
成為一種長盛不衰的文化被繼承下來。

　　該書的出版發行，又豐富了武術的文化寶庫，是
武術界的一件喜事。願《中國查拳實用拳法》一書儘
快送到廣大的武術愛好者手中，願查拳這枝武林奇葩
煥發出勃勃生機，造福於人民、造福於社會。

張山

前　言

　　在傳統武術的藝苑中，查拳是一朵璀璨的奇葩。它起源於魯西冠縣（張伊莊），盛行於全國各地，在武壇中素有「南拳、北腿、山東查」之說。

　　查拳派武術，只拳術一項就有查、華、路、洪、炮、彈腿、腿拳、硬八式、軟八式、長拳、短打等多項內容，器械套路更爲繁多。其特點爲筋順骨直、快速多變、動靜分明、靈活敏捷、雄渾有力、起伏轉折、方法細膩、自然大方。其方法概括爲「四擊」「八法」「十二形」。是一項技擊性強的拳術，每一個動作具備有攻防含義，是防身自衛的好技法，在國內外是獨樹一幟的。

　　筆者自幼愛好武術，從五歲起跟隨父親丁祖文（聊城市東昌府區查拳第四代傳人）學習查拳、華拳、炮拳、路拳、彈腿、國家規定拳、各種器械、對練及軟硬擒拿等。後又跟隨鄭秀明、武貴祥老師學習了形意拳、八卦連環掌，得到了宗師的眞傳。1986年拜於濟南第19代陳式太極拳傳人李恩久門下，學習傳統陳式太極拳及推手，並得到太極名家洪均生先生的指導。

　　歷年來我不斷四處尋師訪友，拜訪過二十餘位名師前輩，並得到他們的熱心指導。四十多年來兢兢業

業刻苦學練，認真鑽研，不斷探索，悟出了查拳技擊的一些奧妙所在，功夫也在不斷長進，在查拳武技的六個層次中，逐步跨越了「會、對、好」，正向著「精、妙、絕」的高深境界邁進。

2004 年 10 月 1 日，常振芳先生的親傳關門弟子、北京當代常氏查拳的掌門人劉鴻池先生一行 2 人，從北京風塵僕僕趕到聊城，尋找正宗查拳傳人，搶救挖掘即將失傳的查拳套路和技法。我和我父親熱情地接待了他們，並親自陪同他們前往查拳的發源地——冠縣張伊莊尋根問祖，拜見了老一輩僅存的查拳正宗傳人、冠縣查拳名師張欽明先生和在縣文體局工作的王秀芬女士。

由這次劉鴻池先生的聊城尋根問祖，使我看到了查拳是一個龐大的體系，使自己增加了使命感和緊迫感：如果不將這些前輩們「不可輕傳」的寶貝東西——特別是實用方面整理、推廣，那麼這些瑰寶都將面臨著失傳的危機。正像劉鴻池先生所說：等我們這些「活化石」沒了，一些東西也將隨之永遠消逝。

練拳的目的，不僅是為了強身健體，更重要的是，應該瞭解其動作的真正內涵，透過武術動作的強化升級，獲得高度殺傷力，充分體現其技擊性、實用性，還武術純真樸實的本來面目。

本書在查拳套路中精選了部分動作，以踢、打、摔、拿四個主要方面體現了在實踐中的應用。全書一共創編了八十一個動作，每一個動作又細分了 3~4 個小動作。在一定的條件下，既可以單獨使用，又可組

合使用；既可以先打後拿，又可以先拿後打；既可打中摔，又可摔中拿，打打摔摔，踢踢打打，能連貫使用、無限循環，使對方措手不及。全面及巧妙的結合，連貫的招法，以及組合動作的應用練習，將會帶給讀者耳目一新的感覺。查拳的實用拳法，有些動作不適合現代競技散打、摔跤等項目的使用，超出了其規則範圍的限制，例如反關節、肘擊和襠下等。查拳實用拳法在任何條件下都可以應用，但非常容易致人損傷，望各位讀者謹慎使用。

本書中有關查拳歷史簡介的文章，參考了張文廣先生《中國查拳》、安天榮先生《查拳》（《武林》雜誌，1982 年 8 期）、劉鴻池先生《十字要訣》、家父丁祖文先生《教門彈腿》等武術著述。

衷心感謝原中國武術院副院長張山先生爲本書作序。此書在出版過程中，還得到潘勝利、尚永民、羅清嶺、郭文平、趙紀康等人的大力協助以及師兄、師弟、友人及眾多學生的大力支持，在此也一併表示感謝！

由於寫作水準有限，加之搜集資料困難，書中的缺點錯誤在所難免，希望武術界前輩、同仁和讀者多提寶貴意見，給予斧正。

丁明業
於山東聊城

9

第一章
有關查拳的理論簡介

第一節　查拳的歷史簡介

一、查拳的來歷

查拳是中國傳統武術中的優秀拳種之一，很早就盛行於魯（山東）西冠縣一帶，後來逐漸流傳到全國和世界各地。

關於查拳的起源，說法不一。從目前考察的材料來看，大多數查拳拳師都認為查拳是西域人查密爾（查元義）所傳留，現有文獻也多以此說為查拳的源起。只是關於查密爾東來的時間有著三種不同的說法：

第一種說法，他是唐朝為平安史之亂而來的；第二種說法，他是明末為禦倭寇而來的；第三種說法，他是清末為抗八國聯軍而來的。

這三種說法是否可信，我們不妨借助史書文獻來一一辨識。

首先是唐朝平亂說。

《查滑拳源流》一文中寫到，冠縣流傳著這樣的傳說：

唐朝安史之亂時，唐王朝從國內徵調了一支回紇軍隊，軍隊中有一位名叫滑宗歧的青年將領，病倒在現在的（山東）冠縣一帶，人們把他送到附近的回民聚居村張伊莊調養，這位青年將領在村中居住之後，把自己祖傳多年的武藝「架子拳」傳授給村裏的年輕人，後來習武的人越來越多，他便把查元義請來幫助示教。

查元義武藝精良，曾是一位馳騁戰場的驍將，他尤擅「身法勢」拳。查元義、滑宗歧相繼故去，查元義所傳「身法勢」即查拳。

但是上述說法似乎不能成立，我認為其原因有三：

（一）根據史書記載說明，唐朝平安史之亂前後，回紇部不住在西域，也不是信仰伊斯蘭教的回族。所以此說中的查密爾不符合其是回族並來自西域的傳統說法。

（二）根據《回族簡史》載，7世紀時的冠縣張伊莊不可能是回族聚居村。

（三）目前稱查拳始於唐朝者，傳說從查密爾至今，已傳至第十三代。此說中查密爾授拳至今已相距一千多年，也就是說，查拳傳人每兩代間相隔九十多年，這顯然是不符合情理的。

所以，綜上所述，查密爾於唐朝為平亂東來、傳留查拳於冠縣的說法不能成立。

第二種是明末禦倭說。

《查拳小講》一文中寫道：「查元義，原名查密爾，明末新疆地方的回民。當年，倭寇侵擾閩、浙沿海各地，

明朝統治者下詔徵集義民從軍禦倭。查密爾激於義憤，請纓東來，沒有到達前線就病倒了。同行的夥伴把他留在魯西冠縣休養。經過幾個月的治療，他的病體痊癒了，決定把自己多年練就的套路傳給該村青年，學習的人一天天增多，流傳的範圍也一天天擴大，查拳這個名字於是確立。」

據史籍記載，倭寇犯我閩、浙沿海起於明初，盛於明中，亦平息於明中。明朝建於 1368 年，1644 年李自成攻進北京，明帝自縊，明亡。從這個時間來看，明朝末年，倭寇已平，不會再有明王朝募兵禦倭之事。而且據《明朝倭寇考略》載，當時調兵、募兵的地區，多是臨近倭寇侵犯地區的兵壯，沒有遠調和招募西域兵壯，或曾有西域民壯來投的記載。

鑒於上述歷史背景，關於查密爾明末為抗倭東來、病居冠縣傳留查拳之說，亦難為信史。

第三種是清末抵抗八國聯軍之說。

在《回族武術初探》一文中寫道：「相傳在八國聯軍進佔北京時，西域人查密爾出於義憤東去抗敵，行至滄縣附近病倒，為當地穆斯林醫救。病癒後，八國聯軍事已平息。查密爾無以為報，便在當地傳授拳術，後來查尚信、查守義繼承為師傳藝，所以後稱查拳。」

據史書記載：1900 年 8 月 14 日，八國聯軍侵佔北京。1901 年 9 月 7 日簽訂《辛丑條約》，八國聯軍撤兵。但在訪問冠縣清朝著名查拳大師張乾、張進堂的後裔張子英、張欽明兩位老拳師時得知，張乾約逝於 1899 年，享年 89 歲；張進堂歿於 1885 年，享年 85 歲。他們承襲的查拳

還可上溯至李老聰、沙亮。

也就是說，在 1900 年以前，冠縣已經流傳著查拳拳技。關於八國聯軍進佔北京時西域人查密爾東來及在滄縣附近傳留查拳的說法，均不能成立。

既然關於傳說中查密爾東來的原因和時間均與歷史背景不符。那麼我們不禁要問，到底有沒有查密爾其人呢？

(一)「查密爾」一名有兩種含義

其一，「查密爾」是個完整的經名。據冠縣張子英老拳師說：「『查密爾』是查元義的經名。」

其二，「查密爾」是指一個姓查的長官。據魯西查拳拳師、阿訇張欽明（冠縣）、武貴祥（陽谷）說，「密爾」是當地回族生活中遺留的波斯文用語，意為長官、官長。

據北大東語系助研張會成介紹，經名是中國內地回民在漢文名字之外，請阿訇用阿拉伯或波斯文取的名字。外來的伊斯蘭信徒本無漢文名字，也就無所謂另取經名了。

傳說，查密爾另有查元義或查尚義的漢文名字。在徐青山先生藏《查拳譜》中寫為「查元義（密爾）」。

從這些情況來看，把「查密爾」理解為是一位姓查的長官，較符合情理。

(二)查拳的讀音及其命名

徐震先生撰《國技論略》中說：「查拳亦名叉拳，叉、查二字音近。」唐豪先生撰《王子平》中說：「王……插、花、炮、紅諸門，無不精曉。」這裏把查拳稱為

「插拳」。如果查拳是用姓氏命名的話，「查」應讀為「zhā」，於是「chá」拳變成了「zhā」拳，這也是與歷來的「chā」拳讀法相悖的。

從以上的分析來看，查拳命名不可能是因此拳的創始者姓「查」而得。

綜上所述，由於查密爾東來傳拳一說，不但沒有佐證的史料，而且與歷史背景不符，加上查拳的命名，不可能因其為查姓人創而確立。因此，「查密爾」這個傳說人物，有可能是出於附會而虛構的，不能把他作為查拳創始人。

但根據前輩們的考察探究得知，由於查拳的內容特點和拳勢多與戚繼光《紀效新書・拳經捷要》和唐順之《武編・拳》中所記相近，可以推測，查拳的創編者是在明代山東流行拳法的基礎上，吸收戚、唐二人總結的精華而創成查拳的。

二、查拳的沿革

魯西冠縣是查拳的發源地，被譽為「查拳之鄉」。查拳的代表人物，早期應首推清朝雍正時期的「飛腿」沙亮。魯西一帶查拳拳師也多稱沙亮是傳說人物查密爾之外最早的查拳拳師。

據《冠縣誌》記載，「沙亮，字智公，雍正五年武進士改侍衛，授巡捕營守備，歷升陝西延綏鎮標左營游擊，乾隆十三年征大金川力戰陣亡……」

通觀關於查拳源流的傳說、查拳的技術成分、沙亮簡歷及其族蹤推論，沙亮有可能就是查拳的創編者，但是有

待於進一步研究和驗證。

　　清末，山東冠縣張其維武藝精湛，手指功夫如鋼似鐵，力穿牛腹，僅一指點擊對方，莫不指到人倒，數人圍攻休想得手。他還練就一支虎尾鐗，如游龍飛鳳，快如電掣，勇如猛虎，堪稱絕技。

　　張其維終生好武，授拳嚴格有方，培養出了一大批查拳好手，如張西彥、張鳳嶺、張英健、張錫太、李超群、常振芳、何振全、宋義洲、何亭英等等。

　　「大槍楊鴻修」也是清末一代查拳名師。他身材高大卻非常靈活，又稱「快拳楊」，名噪武林。他培養出了大批高足，如打敗外國大力士的「神力王」王子平，「山東雙馬」馬金標和馬永奎，以及于振聲、何振江、米廣亭、馬格甫等。

　　真正比較廣泛、系統地使查拳流傳北京的應首推 1956年應國家體委邀請去京傳藝的常振芳。

　　著名武術家常振芳（1898～1979），山東冠縣張伊莊人，自幼酷愛武術，苦練不輟，深得張其維老師的器重。所以，青少年時就以武藝超群而聞名遐邇，成為張氏查拳門下的佼佼者。常振芳一生致力於武術教學研究，造詣深邃，使查拳發展到一個新的階段，風格特點更加突出，內容更加豐富。

　　常振芳一生曾傳藝於山東、河南、河北、江蘇、江西、天津等地，培養了大批人才，其中尤以中國第一位武術教授張文廣最為傑出。張文廣，河南開封人，原為北京體育學院教授，武術教研室主任，中國武協副主席，現任北京體育大學顧問，是我國優秀的武術家，對近代武術有

極大的貢獻。

三、查拳在聊城的傳承

聊城的查拳於 1873 年（清同治十二年）由莘縣張魯回民武師楊學德（楊學德先生係冠縣查拳大師李老聰、張乾之高足）傳入。只拳術一項就有查華花、路洪炮、彈腿、腿拳、長拳、短打等多項內容，器械套路更為繁多。其方法概括為「四擊」「八法」「十二形」，可謂技法獨到、形象生動、格調高雅，充分顯現了其力與美的結合。當時拜在楊老師名下習武的是蔣文英、蔣文明兄弟二人。後來又有多人陸續拜師學藝。自此以後，楊先生曾多次來聊城授藝，為查拳在聊城的普及奠定了基礎。

蔣氏兄弟二人精心學習查拳技法，盡得楊老師真傳，學成後廣收門徒，教出了一大批學有建樹的武術人才，如蔣慶甲、楊子合、高祥太等。同時還打消民族隔閡，破格將查拳傳授給漢族同胞馬永勝、黃長慶等人。其後，下一輩又湧現出蔣振海、王恒玉、梁敬堂、沈仲奎等優秀拳師，從而形成了一支人數眾多、套路齊全、水準高超的查華派武術隊伍。

到了當代，聊城集查拳技藝之大成者，當屬聊城市武術協會副主席、聊城東昌府區查華拳掌門人丁祖文先生。丁先生自幼習武，由於刻苦用功，他的技藝大增，在查拳名家蔣振海先生門下，又經王恒玉、楊恩成、張欽明、梁敬堂先生精心指點，丁祖文先生系統地掌握了彈腿、查拳、華拳、炮拳、洪拳、三星拳、七星拳、臥龍拳、硬八式、軟八式等查拳系列理論和技術。

四、查拳的風格和特點

查拳是長拳類的主要拳種之一。它由竄蹦跳躍、閃展騰挪和起伏轉折等動作，展現出筋順骨直、靈活敏捷、動靜分明、剔透玲瓏、瀟灑飄逸、自然大方、快速多變和節奏鮮明等長拳類拳種共有的風格與特點。

開合相間、起伏明顯是查拳套路的結構特點。這一特點是把幅度大小不同的動作銜接成組，高低不等的姿勢相互穿插。查拳幾乎在每一路套路中都有「仆步穿掌」式，其後連接動作多是虛步挑掌、行步拍腳「劈靠掌」，這一典型查拳動作是以丁步下劈接弓步雙分掌組成。

這類動作的組合中，前動架勢小，身體重心低，封閉嚴謹；後動架勢大、重心高，肢長勁遠。這種結構，使動作幅度的大小和姿勢的高低，形成了明顯的上下起伏，高低相襯，顯示出大的舒展，小的緊湊，勢低似貼地；這為指上打下、聲東擊西的戰略戰術奠定了紮實的基礎，形成了優美的動態畫面。

重腿法、多摔法是查拳的技擊特點。這在查拳的教學程式和套路運動中，都有著充分的體現。習拳入門以「十路彈腿」為基本功夫，對陣較技，講究「手似兩扇門，全憑腿傷人」。其腿法又以屈伸性方法為主，十路彈腿就是以彈、踹、蹬三種基本形式組成。實用上有出擊迅速收回快的優點。

在查拳的系統訓練中，還始終貫穿著摔法練習，十路彈腿中的「四路撐殺」就是摔法，以此為基本功進行左右交替練習，運用時，不拘左右，搭手可發。如，在本書中

的「摟膝採頸」「鎖步靠摔」「馬步亮掌」等等都是屢見不鮮的摔法動作。

乾淨俐索、動靜分明是查拳的節奏特點。演練、實用時，要求動作在運行過程中如風馳雷電、狂飆千里；在定勢時，則無論運動過程的激烈程度如何，都必須迅速轉入靜止穩定的狀態。這種動靜分明的韻律，使得手法脆快，步法輕靈，毫無滯澀之感。

形神兼備、內外合一是查拳技擊的整體特點。它多以手腳齊發，下踢上打，手到步到，見機速進。在這些動作的運行過程中，要以腰的擰轉貫串四肢，以加強肢體的運行速度，增大動作的活動範圍。同時，頭隨勢轉，眼隨手動，構成了外形上的完整一體、形神兼備。

另外，還要求將攻防意念貫注於一招一式，強調以氣催力，使精神融注拳式中，呼吸配合動作，呈現出內外合一、乾淨俐索的神采。

五、聊城的教門彈腿

查拳比較重視腿法的訓練。在傳授武藝時，首先教人們練習彈腿，作為基本功來訓練，有了基本功才開始教查拳套路。在聊城有「三年腿，二年拳，傢伙（器械）一年就玩全」之說。武諺有云：「南京到北京，彈腿出在教門中。」

聊城彈腿，即教門彈腿。傳授聊城教門彈腿最有影響的武師，當屬聊城人馬永勝（生於清末，卒於 1959 年）。他不僅在聊城會同蔣慶甲、楊子合、黃長慶等武師普及教門彈腿及各種查華武術，還於 1918～1919 年在蘇州授武，

各界學者甚多。馬永勝 1930 年（民國十九年）在北京演練彈腿時，當時國術館館長張之江見後，大為讚賞，並決定將此腿列為館中必修之課，讓馬永勝先生編成講義廣為宣發。並於 1935 年編輯成書出版發行，書名為《十路彈腿》。從此，聊城教門彈腿在國內外廣為流傳，影響頗高，盛況空前。

新中國成立前後，聊城教門彈腿又有蔣振海、王恒玉、梁敬堂等武師傳世，使此藝後繼有人，興旺發達。

彈腿屬於伸屈性腿法。因其法取式彈擊，發腿迅速，攻勢凜冽而得其名。雖名曰彈腿，但各種手型、手法、步型、步法、身法應有盡有，且一路一法，手腿配合，左右對稱，攻防明確，招法清楚，架式完整，樸實無華，是武術教學訓練的啟蒙項目之一，是練好武術的基本功夫。

現在的聊城教門彈腿，經蔣振海、丁祖文先生整理，更趨完美，順遂流暢，較之以往大有起色，充分得到武術界的公認。

聊城教門彈腿歌訣

清真正教師授傳，
拳術無窮妙無邊，
一路順步單鞭式，
二路十字奔腳尖，
三路劈蓋夜行林，
四路撐殺式斜遷，
五路架打力要猛，
六路防腿不容還，

七路雙壓人難進，

八路回轉腿相連，

九路急進須掤鎖，

十路箭彈式法全，

恩師授我十趟腿，

方知查華回回傳。

歌曰：

世人莫看勢法草，多踢多練妙無邊；

能測其中奧妙義，打開難關獻絕技。

六、十路查拳順序口訣

一路母（架）子拳，二路行手拳；

三路飛腳拳，四路查滑（升平）拳；

五路關東拳，六路埋伏拳；

七路梅花拳，八路連環拳；

九路（龍）擺尾拳，十路串拳。

每路在組織結構、內容上各有其獨特風格。

查拳歌

查拳創始人查密，魯西冠邑有故居。

流傳民間數百載，歌頌前人留絕技。

傳統套路十二套，正副剛柔兼相濟。

二十八路彈腿式，刀槍劍棍各有七。

七、查拳的十字要訣

查拳的攻守之道，有十字要訣，作為技擊的方法，其

第一章／有關查拳的理論簡介

內容為縮、小、綿、軟、巧、錯、速、硬、脆、滑。

> 縮如張弓蓄巨力，出拳如放矢；
> 小而緊湊如封閉，奧妙人難擊；
> 綿而不斷意相隨，變化分虛實；
> 軟能克剛隨機變，借刀出奇計；
> 巧中生智靈活用，四兩撥千斤；
> 錯則側身跟步進，避實以擊虛；
> 速如閃電莫遲疑，出手快打遲；
> 硬如鋼錐戳軟泥，沖撞莫鬆弛；
> 脆如爆竹發寸力，克堅如摧壁；
> 滑能化消敵人力，乘虛再進擊。

八、查拳技擊與音符

查拳技擊譬如優美動聽的音樂。「四擊」「八法」「十二形」，四擊是踢、打、摔、拿；八法是吞、吐、閃、展、沖、撞、擠、靠；十二形是動如濤、靜如岳、起如猿、落如鵲、立如雞、站如松、轉如輪、折如弓、輕如葉、重如鐵、緩如鷹、快如風，則是它的音符（1、2、3、4、5、6、7）。再優美動聽的樂曲，也脫離不開這七個音符。不管多麼厲害的武功、武技、南拳、北腿、內家、外家，都脫離不開「四擊」「八法」「十二形」。

如果每個動作的用法循環、組合、銜接一次，它可以用天文數字計算。

查拳的拳法實用與其他武術實戰應用，在原則上是相同的，但在講解組合和運用中大有不同。

第二節　查拳的踢、打、摔、拿

一、踢

踢包括彈、踢、蹬、踹、捭、掃、纏、拐、跺等腳法的實用。不同的踢法，有著不同的技術要求。踢勁在腳尖；蹬勁在腳踵；踹勁在腳掌；捭勁在腳面外側；纏勁小腿；跺（震腳）勁全腳。拳諺講：「手是兩扇門，全憑腳傷人。」但在使用踢法時，都應先提收膝部，再發足勁，而且膝部總是留有餘地，不完全展開。

拳論有「足來加膝」「近便加膝」的口訣，「足來加膝」是以腿破腿之法，是護襠、護臁骨之法，對付撩陰腿、剁膝腿，是攻防兼備的方法。「近便加膝」指的是膝蓋上頂，裏扣、外撇膝和跪膝，起到用膝打擊和使用跌法的作用。

踢可以高齊頭部，蹬則僅齊膝胯。而且凡用腿腳的動作，實腳必須踏穩，身體略前斜，做出向心狀態，以免中足部發勁後被對方用反作用力頂回。

當然，還須上下相隨、十分協調才行，在練習時要注意發揮上肢靈活多變、快速敏捷的特點，下肢腿法要發揮勇猛、有力的特點，將查拳實用腿法的風格準確無誤地體現出來。

二、打

打包括各種拳法、掌法和肘法，配合步法，組成各種

不同的招式，利用手三節（手、肘、肩，手為梢節、肘為中節、肩為根節），採取不同形式的進攻與防守。

在查拳拳法中，肩、肘、手（掌、拳、鉤）、上臂、前臂都是防守與進攻，打擊制服對方的重要部位。兩手在武術技擊中起著特別重要的作用，武術搏擊本來就是手上功夫。「手是兩扇門」，開門能引進落空，誘敵深入；關門能使其無法進取，借力打力。

由於拳種特點，技法不同，手型的應用也各不相同。但總的來講，都離不開手梢（即在技擊中以掌、拳、鉤等接觸對方身體部位，所使用的「面」和「點」）的應用。而手梢的位置不同，將引起拳術實用時技術方法和攻擊目標的相應變化，形成各種不同的手法類別。

在拳法應用上為「拳梢」，即拳面、拳心、拳眼、拳輪、拳背。

拳面在技擊方法中有：沖拳、直拳、斜拳、平拳、立拳、俯拳、下栽拳、雙撞拳、勾拳、鑽拳、橫拳、擂拳、貫拳。

拳背在技擊方法中有：崩拳、反臂上崩拳、扣拳、砸拳、反臂砸拳、橫崩拳、磕拳。

拳輪在技擊法中有：反撩拳、劈拳、掃拳、抽拳、拋拳、封拳。

拳眼在技擊法中有：挑拳、掛拳、搬拳。

拳心在技擊法中有：蓋拳、壓拳、封拳。

在手梢應用上，掌為「掌梢」，即掌心、掌背、掌根、掌尖（指端）、掌外緣、拇指一側。

掌心和掌背在技擊技法上有：扇掌、拍掌、壓掌、推

掌、按掌、撲面掌、捋掌、托掌、旋掌、擰掌、撩掌。

掌尖在技擊技法中有：穿掌、插掌、戮掌、鑽掌、點掌、彈掌。

掌外緣在技擊技法中有：推、削、砍、撩、截、格。

掌根在技法上一般是配合掌外緣助力和發力。

在鉤法、指形的技擊應用中還包括：抓、拿、採、掛、頂、挑、撩、撞、彈、崩、探、戮、點等不同的手上技法。

肘在技擊實用中威力是最大的，有「寧挨十手，不挨一肘」的說法。在武術散打競技中，為確保運動員的安全，在比賽中禁止使用肘擊和反關節，這說明肘擊和擒拿對對方的傷害程度。

肘在技擊法中有：頂肘、壓肘、穿肘、磕肘、抱肘、撐肘、立肘、橫肘、格肘、推肘、晃肘、拐肘、鴛鴦肘等肘法。

三、摔

摔包括踢摔、打摔、抱摔、扭摔、勾摔、迎摔、掛摔、闖摔、絆摔、抖摔、撞摔、擰摔、跌摔、纏摔、抓摔、拿摔、跪腿摔、背摔、插入摔、靠摔、挾摔、手別摔等。不同的摔法，有著不同的技術要求。

經過長期的社會變革，摔法（摔跤）已形成一個完整的技術體系，脫離了武術的範疇，如中國式摔跤、自由式摔跤、古典式摔跤、柔道等，都形成了各自獨立的技術要求、訓練手段和比賽規則。

但在查拳拳法技擊訓練中，還有大量的摔法技法的使

用，如四路查拳的抓肩壓肘，使對方反關節後再倒地，具有很大的傷害性。

十路彈腿的第四路「四路撐殺」就是摔法，設先以手掌根擊打對方頸部，對方如用左手（或右手）化解我右手，我用左手從我手臂下接抓對方左手（或右手）臂，同時，我左腿後插（偷步），右腳迅速後撤，用腿彎部撞擊對方前膝蓋，右掌猛向對方肘部反向發力，使對方前仆倒地。

此動作打、拿、摔相結合，這種絆靠打拿的合用，是眾多技法銜接的一種。

查拳摔法很注重腳步和重心的移動，往往根據對方的姿勢來尋覓進攻時機，巧妙運用上述摔法動作，組成攻防技擊摔法，促進人體功能的全面發展，培養勇敢、堅毅、頑強、鬥志等優良品質。

四、拿

拿包括採、拿、鎖、扣、切、壓、擰、裹、抱、點、纏、掐、甩、撞、搬、挾、閉、封、絞、分、牽、提、抗、挖、摘、卡、揪、別、捌、踩、絆、跪、插等數十種拿法。拿法是技擊技法的另一種特殊形式，它的技術特點是利用人體及關節原理，迫使對方某個關節不能正常運轉、疼痛而被制服，不能反抗。

要達到這一目的，首先要瞭解人體各關節（頸關節、肩關節、肘關節、腕關節、手部各關節、脊椎、髖關節、膝關節、踝關節、足部各關節）的構造，運動規律和活動範圍及極限度，運用這些方法控制對方和化解對方控制。

如肘關節僅可向前折疊，而不能向後或左右彎轉；腰部可以儘量向前彎曲，但過多地向後、左右屈曲卻會感到難受（除柔術演員外）。就連手指這樣的小關節也是如此，只能內屈，不能向後左右外彎。掌握這些生理知識，對於拿法技術來講是必不可少的。

查拳比較重視拿法的基本功訓練，如拋沙袋、抓壇子、推青磚、穿大釘、捲棒子、抓鉛球、手指俯臥撐等專項訓練，透過基本功訓練，可使身體各部位均能得到拿法技能的全面發展，特別對於發展各關節、韌帶的靈活性、柔韌性，以及力量、速度，均有一定的效果。

運用拿法時，應遵循人體關節的活動範圍和運動規律而動的原則，如對方某關節不能向前而迫之向前；不能向後者則迫之向後；不能彎曲者而迫之彎曲；不能扭轉者則扭轉等，準確地使用拿法作用於人體的某一關節，就會使對方全身失去抵抗能力，甚至於導致傷殘。

如四路查拳中的「鷂子抓肩」「馬步壓肘」這兩個動作，在實戰應用時，是連貫運用的，當對方從我的前方伸右手抓我左肩時，在尚未抓緊的瞬間，我右手順勢抓其右手外沿，腰向右轉，迫使其臂內旋伸直，即「鷂子抓肩」動作，同時以左臂由下向左、向上、向內貼著對方右肘，弧形下壓後拐，腰再向左轉，肘向後發力，即「馬步壓肘」動作。這樣在我左肩向前、向下、向後鬆沉，左臂下壓的相對用勁壓迫下，對方即會感到疼痛難忍，如這個動作用力過猛時，還能造成對方肘關節、腕關節脫臼等嚴重損傷。

在練習拿法時，不要用力過猛，速度不可太快，相互

感受，以免造成傷害事故。要注重武德，遵循傳統道德規範的教育。

第三節　查拳實用中的手、眼、身法、步、精神、氣、力、功

一、手

手最為靈活，手法的變化也最多。手有五指，指有三節（大拇指根節於肉內）。一隻手共有十五節，兩隻手合為三十節，恰似一個月的三十天。

古人把它分為金、木、水、火、土來講。冬天短，夏天長，春秋兩季平。中指屬心主夏，獨長為火。小指屬腎主冬，最短為水。食指屬肝主春為木，無名指屬肺主秋為金，二指相等如春秋相平。大拇指屬脾主土，旺於四季兼於四德，獨當一面。

因四指缺一，尚能持物，若無大拇指，則手無用處。其相合之妙，自有天然之巧。

拳諺講：拳沒掌能，掌沒指精，指為掌之先鋒。其手法有推、搶、摟、摺、斬、扳、砍、切、挑、壓、勾、掛、封、拿、擒、晃、撞、纏、搏、牽、托、按、打等多種手法。但遇到有「虛無」之奇招，一勢即可全破。「虛無」之可想而知。

(一)拳

拳者，握而不伸，握固其指，團聚其氣。其握法，四

指併攏捲曲，拇指緊扣在食指和中指的第二個節上，拳緊握一齊著力，分三不開，方為合竅之妙。

古人云：去是散手，著人成拳。就在落點的一瞬間，把拳握緊，迅速一擊，擊後鬆拳。

(二)掌

掌，其跟在腳，發於腿，主宰於腰，形於手指，始而完整一氣。掌有立掌、橫掌、順掌、側掌、陽掌、陰掌等，但都是併攏直伸，拇指緊曲一側。

推時用掌根，按時用掌心，劈時小指側，砍時立掌削，撩時虎口處，搧擊掌心背，穿時在掌尖。

(三)鉤

鉤是五指撮在一起，手指下垂斜向裏或向後下方的一種姿勢。通常是由掌變鉤。鉤有頂、叼、拿、鎖、扣、採、拉、摟、掛、撚等作用。

鉤手是練習腕力和指力的方法之一，在查拳實用技擊訓練中，仍保持著較多的擒拿手法，如本書中介紹的「擒指撅腕」「破擰折腕」「合力折腕」等，都是運用節拿、抓閉的手法，由柔摩推量覓得其點，軟時鋼落，不局限於反筋背骨，並發展為以拿對方勁路，乘勢借力為主，使對方不能變活。

(四)腕

腕關節在全身關節中最為靈活，旋轉角度很大。手的變化，決策於腕。掌根銳骨，即為腕勁，腕部如鬆懈無

力，手背自然也無勁，實戰時就容易被對方拿住手腕而受制。

在手臂伸縮、升降、纏繞過程中，腕部既不能強硬，也不要軟弱，而是柔活有韌地運轉，把對方的勁路控制好，才能「搭手如斧落」「放勁如摔杯」那樣乾脆俐索。

腕有旋腕、塌腕、坐腕、頂腕、切腕、扣腕、抖腕等。從經絡學說來看，腕部一段橈動脈管，稱作「氣口」，是「脈會太淵」的百脈之氣匯聚之淵，與全身經脈相通。中醫切診，首先是切脈，切這一段脈管，從手往上去，分為「寸、關、尺」三部，這裏能夠分別反映體腔上部心、肺，中部肝、膽、脾、胃，以及下部腎、膀胱的功能。從脈搏的部位、速度（遲數）、強弱（虛實）、節律（是否均勻），以及形態（洪細、緊弦）等不同的脈象，來辨證論治。

由此可見，不斷的旋腕坐腕，對這個「氣口」和內臟器官功能的加強是有好處的，也有著防病治病的作用；腕部的纏繞圓轉，也是為了解脫對方使用反筋背骨，分筋錯骨，按脈、截脈等擒拿手法，而不致受制於人。

二、眼

眼是負責觀察地勢、敵情，回饋給大腦，以指揮肢體因敵變化的器官。它的注意方向只有前進而無後退。它觀察所及的範圍角度應在 150°左右。俗話說「眼觀六路」，應是「一目了然」。

從技擊角度上講，眼在實際練習和實戰運用中，是體察對手的關鍵，由眼的觀察進行目測，從而掌握、控制與

對方的間距、身高、臂長、體態、靈敏、反應、功力強弱、實戰經驗和善於運用何種招式，判斷出對方的戰略企圖和具體的技術變化等等，這些都是實戰中不可忽視的重要因素。由眼的觀察，來獲得首要的「情報資訊」，並迅速傳給大腦，作出正確的判斷後，利用戰機及時採取相應有效的攻防手段，這一過程，全靠眼起著重要作用。

武術拳諺中「靈於神，目為神首，其機在目，敵情預曉」「左顧右盼，眼似閃電」就是形容這一點。

在單人對多人的實戰中，眼法的迅疾及思維的敏捷反應尤為重要。訓練有素的武術技擊家，一般在實戰過程中，對來自各種角度的攻防變化，都能做到在左顧的同時又能右盼，利用眼的餘光，做出上下左右150°的相對攻防反應，並能從不同的面部表情和眼神中獲得回答，如冷靜、急躁、痛苦、激動、畏懼、遲滯等眼神變化，這些都是對方本能和不自覺的一種反映。

根據對方受擊時表情變化和不同程度的動作反映，迅速調整有效的進攻方法，將有助於促進和縮短戰鬥過程，從而取得最佳效果。因此，在實戰中以眼睛分析對方性格規律和情緒變化的直觀手段，可以在心理上取得戰略上的主動權。

無論進攻與防禦過程中的始末，只能利用戰機的間隙迅速進行適當的調整。在攻防的關鍵時刻不能產生恐懼心理和不自然的扭頭閉眼（生理上的保護性「眨眼」休息），這樣不僅貽誤戰機，而且一瞬間會不清楚對方的真實戰術意圖，在反應上相對產生遲鈍和滯動，進而遭對方打擊的可能性就大大增加。因此，在技擊實戰過程中，就

要時刻注意鍛鍊和適應在險勢多變的情況下，增加眼神實戰意識，形成一種習慣性的條件反射，進一步提高冷靜的觀察對手、做出迅速反應的能力。

在單練過程中，也要有目的地鍛鍊自己的眼神，使之明辨迅疾並有意識地捕捉想像中的對手，做到「單練時無人似有人，實戰時有人似無人」，培養實戰意識。

在戰術上用威嚴凌厲的目光，往往能在氣勢上壓倒那些經驗不足的對手，在心理上給對手造成緊張和畏懼，使其對自己的技術能力和攻防手段產生懷疑，影響其技術發揮。

在配合戰術的應用中，利用眼神，有意識地晃動，所採取戰術上下的假動作，也往往能造成對手判斷上的失誤。如目光注視對方的眼睛，而餘光卻悄悄地審視對手下部，當對方明顯察覺到注意他的面部時，一種本能的反應，會不自覺地將防禦重點移到上部，就在這一瞬間，採取突然迅速的低型腿法，往往能重擊對方下部的關鍵部位（腹、肋、襠、膝、前脛等），使對方遭到意想不到的打擊。這種「晃上擊下，聲東擊西，指上打下，欲右先左，欲上先下」等戰術，利用眼法配合迷惑對方，能造成對方判斷上的錯誤。製造戰機乘勢進攻的方法，是一種非常厲害的戰術手段，這種戰術既可「先發制人」，也可做到「後發先至」。

在搏擊實戰中，注視對方身體的哪個部位是不固定的，要根據對方的具體情況、戰術變化及個人的戰術習慣而靈活運用。按查拳法的戰術常規來講，一般均以注視對方的眼睛、前胸、肩臂為主，如視敵肩臂，即知其進退，

見其偏左肩，即知其發右腳；偏右肩，即知其發左腳。各有心得之處。如「諸察之長，神傳意合，攻擊避讓，不失時機，則得其旨」，又如「視其敵目，觀其情，審其勢，以備應敵」，前輩的經驗之談，都是說明在臨陣應敵的過程中，眼神所注視的角度、方位是取得戰術主動的關鍵，不能忽視。

三、身　法

身法在實用技擊中有起、落、進、退、反、側、收、縱、吸、搖、擰、回、轉、翻、停。起身時要橫，落身時要順，進步時要低，退步時要高。反身便於顧後，側身有利於兼顧左右。收如伏貓，縱如放虎。吸是氣貼脊背，細緻入微。閃即是進，逢閃必進。搖是迷惑對方，化解對方來力。擰是側身隨進，前後左右多種用法包含其中。回是指前打後，聲東擊西，誘敵深入。轉是調身即進，暗轉腰胯，寸勁發力。翻是翻轉靈活，圓直換用，處處主動。停是嚴陣以待，伺機而發。

身法雖有以上諸法，但總以端正為本，要穩固重心，隨遇平衡，不偏不倚，要以項直頭頂為準。頸項要端正豎起，如船上桅杆，中流砥柱，不前不後，不左不右，必須適中，且要鬆豎，轉動靈活，不犯僵硬。

頭為一身之首，為百脈之會，精髓之海，任督二脈交會之處，十二經絡中，六條陽經上於頭，而六條陰經則通過各種「別道奇行」，也會合於頭。

從現代生理學上看，腦是神經系統的中樞，各種資訊都要集中在這裏進行加工處理。此處合，則一身正氣俱

全；否則，則一身之氣俱失。

在練拳與實用時，頭一定保持中正，不低不仰，不歪不斜，轉動自然。因此必須掌握領勁和頂勁，為周身之綱領。古云：低頭彎腰，武藝不高，任其蠻練，終為徒勞。

四、步

步有步型、步法兩種。步型有弓步、馬步、虛步、仆步、歇步、丁步、叉步等幾個基本姿勢。步法有寸步、墊步、過步、快步、箭步等步型，經過移動轉換才稱做步法。步型是下肢穩定的姿勢，步法是下肢變化的動作。

步型和步法如果沒有規矩性，在實用技擊中，身體就會出現上下失調，歪斜彆扭，浪費體力，呼吸不順。因此，要掌握拳法應用，首先應把步型和步法辨別清楚，練得正確，為實用打下堅實的基礎。

如與人交手相距二三尺遠，可用寸步，就是一步可以到達。如相距四五尺遠，可用墊步。墊步就是後腳跟一步，前腳上一步。

若遇身大力強的人，可用過步。所謂過步，就是前進腳迅速超過後腳，要做到步起在人前，步落過於人。如有八尺或一丈遠，必須用快步，就是起前腳，帶後腳平飛而去，非跳躍而往，此步法有馬奔虎竄的意思，非藝精的人不可輕用，唯有遠不發腳，乘勢近擊。

若遇人多，或持有武器，即用腿帶腳並箭步而上，如鷂子鑽林，燕子取水。此所謂先踩腳飛身而起之說。

學拳技者，要習之純熟，用之無心，方顯其妙。拳諺講：「好漢交手位奪位，蠢人交手捶還捶。」「教拳不教

步，教步打師傅」。說明了步法在實用技擊中的重要性。總而言之，步型和步法，在實用技擊中是得意的立足點，一動一變無不感到得機得勢。

五、精　神

精神是一種表現，既嚴肅而又活潑。習之即精，自得其神。傳神在目，非喜非嗔。「尚德才能精武」，武道技擊，有形者為武，無形者為法。習武者，當以技擊為基礎，不以技擊為主導；以技擊為目的，不以技擊為手段。學術譬如逆水行舟，不進則退。習武者要在「會、對、好、精、妙、絕」上多下工夫。每一個基礎動作都要做到精益求精、一絲不苟。

老師們說得好：「套路是人編的，功夫是自己練的。」「拳打萬遍，功夫自現。」

明朝大將戚繼光在他的著作《紀效新書》中曾說過這樣一段話：「至今之溫家七十二行拳、三十六合鎖、二十四棄探馬、八閃番十二短，此亦善之善者也。呂紅八下雖剛，未及綿張短打、山東李半天之腿、鷹爪王之抓……皆今有名者。」這說明了各家各派在自己眾多的拳技中，根據自身的自然條件、個人喜好，擇優選用某種功法，取其精髓，精研細練，長期摸索，逐步達到神明絕妙的功夫（所謂的絕技、絕招），交手時，使對方一時難以適應，從而達到預期的效果。

在近代，查拳大師張其維，金鋼鐵指，能力穿牛腹，一指無人抵擋。形意拳有半步崩拳打天下的深州郭雲深。在現代，有蟬聯八屆的全國太極拳推手冠軍、北京體育大

學的黃康輝。還有中國散打王、王中王柳腿劈掛柳海龍等。他們都在綜合素質兼優的情況下，掌握了一技之精，一時期能立於不敗之地。

實際上，任何一行，只要在正確指導下，千錘百煉，定能達到登峰造極的境界，體現中華民族尚武之精神。

六、氣

氣，就是呼吸的別稱，運氣和用氣也就是調整呼吸。道家謂導引吐納。釋家謂練氣行功。儒家謂養浩然之氣。

查拳在實用技擊中，一般講究自然呼吸與腹式呼吸相結合，該呼者當呼，該吸者當吸。拳為有形，氣為無形；法是拳，理是氣。法中有呼吸，是有形的練拳；理中有呼吸，是無形的練氣。

氣的出入口鼻，一小時吐納多少均有定數，多吸不能，少呼不可，否則非病即亡。拳經云：氣在先行，力在後隨，丹田盛而氣力足，此為不移之定理。

武術中的內外相合，是指氣走於膜絡經脈，力出於血肉皮骨。發放有力者，外壯筋骨皮為形，內壯筋脈為象。氣血功於內壯，血氣功於外壯。

所謂的「氣沉丹田」，是古代武術術語，一般泛指腹式呼吸，能使內氣下行沉於丹田部位而不至於飄浮於胸部。實際上應該是膈肌下沉，重心下降。膈肌下降，能使胸腔的空間加大，使心肺得到完全放鬆，達到心平氣和。

我們知道，久練深呼吸的人，肺活量就大，橫膈膜升降幅度也大。但練腹式呼吸的人，因不主張胸廓大幅度的忽開忽合，因此，相對地說，其橫膈膜升降幅度比練深呼

吸的人就更大一些。這樣胸廓動度小，耐力就會增加，爆發力就會加強，就更有利於下盤穩固。

「拳打一口氣」，實際上是在對抗技擊運用中，尋找對方的呼吸節奏，在其吸氣將至，該呼氣時或呼氣將止該吸氣時，見機速進，能起到意想不到的效果。

但要注意，運氣貴於緩，用氣貴於急，送去必用呼，接來必用吸，身要滾而動，手要滾而出，此中奧妙理，只在一呼吸。因此，傳統武術技擊強調「開呼合吸、起吸落呼、收吸發呼」是很道理的。一吸一呼各一呼各有其路，不能不遵。

法，就是規矩。如身法的束縱，步法的存進，手的出入，或進或退，或起或落，皆當一氣貫注。接來宜於納之吸中，送去宜於納之呼中，一呼無失。接取瞬間，勝敗已定，萬萬不可混施。

古今練拳習技者，首先要知道氣的由來，然後正確運用呼吸方法，只要能持之以恆和循序漸進地注重養氣、煉氣、和氣，那就能練出氣沉丹田的功夫來。

七、力

力稱氣力、力氣，也稱勁力。力有重力、直力、壓力、合力、慣力、彈抖力、離心力、爆發力、反作用力；勁有剛勁、柔勁、順勁、逆勁、引勁、背勁、短勁、長勁、螺旋勁等勁力，為該拳中擅長之特點。若能將此數力瞭解，用之於身，則可明瞭查拳拳法之奧妙。

勁力寓於無形之中，接於有形之表，力方而勁圓，難以用言語來表達清楚的，但其道理可以參考。

(一)重　力

在地球表面上，物體之所以有重量，都是因為地球具有吸引力的緣故。這種因地心引力使物體產生重量的力，也就稱之重力。

在拳法技擊實用中，要充分利用重力的特性及其規律，人的重力既分散於肢體各部，又能聚全身於一點。譬如，本書中「擊腹壓肘法」第四小動，就是利用了局部重力和全身總的重力作用，加大了控制對方的力度，結果使其重心不穩，後仰倒地。

在拳法實用中，宜隨機應變調節自身的重力作用，使之可升可降、可輕可沉、變化多端。

(二)直　力

目有直射，步有直進，拳有直沖，掌有直穿，直打直擊，如矢出弦，快不暇接。從形勢上看，腳和手都是走的「直線運動」，但它的運勁過程是「旋轉運動」。從客觀上說，矛盾總是成對地存在，而不是孤立存在。

查拳強調「方中有圓，圓中有方，外方裏圓，裏方外圓，上方下圓，下方上圓，方方圓圓，圓圓方方，方圓結合」，說明了它既要方，也要圓。

這裏所說的「圓」是旋轉運動；所說的「方」是直線運動。一般地說，運化時主柔、主圓；發勁時主剛、主直。在步法上，進攻主直，退卻時主圓。

(三)壓　力

物理學的原理告訴我們：在壓力一定的情況下，受力面積越小，產生的壓強就越大。

例如，人們用很少的力，就能將細針刺入很厚的布內，就是因為針尖細的緣故。運用這個原理，在實用技擊動作時，就必須考慮著力的點是越小越好，使用點、按、穿、戳、彈、踢時尤其如此。

(四)合　力

把自己的力加於對方力上，順著來的方向，及時順勢加力，這就是運用「四兩撥千斤」的力學原理，借人之力予以我用的巧妙方法。

(五)慣性力

巧妙地運用物體慣性的原理，既可減輕自己力的消耗，又能加大力的作用。交手中不能和對方死頂硬抗，而要選擇另外一個方向去用力，使對方陷入被動和失去平衡的局面。

(六)反作用力

在實用技擊中，善於運用作用力與反作用力的原理，有利於力的發揮。

根據這一原理，如本書所寫的動作「單擠雙按法」，對手從上進攻，自己即可直往其下部，這是由於對方的底部重心被襲擊，其上部手的作用就大削弱，充分利用對方

之力以還其身，對方用力越大，遭受的打擊就越大，這就是由作用力與反作用力的關係，達到以巧取勝的目的。

(七)牽引力

牽是牽動，引是引誘，是化勁的一種。引力是對方不動，而引其動；牽是對方即動，就把對方的勁引入有利於自己的軌道。拳諺說：「動則生隙，隙則可擊。」

(八)爆發力

爆發力是火藥經過聚集，由燃燒所施放的能量。如鞭炮，裏得越緊，炸得就越響。根據這一現象，人體是由肌肉的放鬆收縮，在最短的時間裏釋放出最大的能量。

各種體育競技運動，大都講究應用爆發力（棋牌等競技項目除外），所以拳法技擊的發力也不能例外。

(九)旋轉力

在力學上，旋轉是比較省力的。查拳出手擊打，講究蹬地、擰腰、送胯、旋臂。旋轉可以使運動更加穩重、有力、定向，增大防護的面積，也可以加強力的作用時間。產生遠比直線運動大得多的旋轉力。

旋轉的動作，具有化解來自任何方向力的作用。旋轉的手是解脫對方擒拿、反擒拿的有效方法；旋轉的腰身帶動著四肢，勁力能貫串四梢，使勁圓力整。

八、功

查拳練功，要在「會、對、好、精、妙、絕」上多下

工夫。從易到難，一層深似一層。自己練功是「知己的功夫」，也就是說，自己多長時間練幾遍拳自己知曉。

老師們經常講：「你一天不練，自己知道；十天不練，內行知道；百日不練，外行知道。」「拳是人編的，功夫是自己練的。」說明了練功要紮紮實實，持之以恆，刻苦訓練。

經過這樣長期的練功，然後再與人對練、交手實戰，技擊對抗，從而達到「知人的功夫」。也就是說，弱者我知其能逼，強者我知其宜防。

練功於掌拳者，其手臂比一般人粗壯；練功於腿腳者，其步法比一般人輕固；精於外壯者，其體質必然魁梧；神於內功者，其筋絡乾枯；矮小之人，防其用腿；昂彪大漢，必慣使拳；見其姿勢，即知破其法門；發我手足，還當顧我周身；遇隙即攻，見空必補等，知人的知識，亦能挫敗對方。

然後再經過一步一步長期反覆的訓練、實戰、對抗；再透過精確動作、精確的判斷、精確的應用，就會漸漸達到妙絕的高級層次。能超出兵法所講的「知己知彼」的戰術水準，從而達到唯我瞭解對方，對方根本就不瞭解我的高深境界，即所謂的「唯獨我知人，不讓人知我」的境界。要想達到此目的，必須掌握一個公式，即，勤學＋苦練＋實戰＋時間＝功夫。

第四節　人體的薄弱環節及各關節的限度範圍

　　熟悉肌筋、血脈、穴位、骨骼的分佈和構造及各關節的限度是掌握人體薄弱環節的基礎。瞭解肢體的運動規律，能使自己的動作更加穩、準、狠，以達到順勢借力、反制其人的效果。這一切能使競技者胸有成竹，臨危不懼，反敗為勝。

一、軀　幹

(一)頭　部

　　整個頭部以兩側太陽穴處最薄弱，其次是眼鼻部三角區、頭頂百會穴、兩耳、腦後玉枕穴、上下牙關頰處。

(二)頸部與胸腹部

　　頸部為連接頭胸之要害處，正面有廉水、天突二穴，頸後有大椎、啞門，兩側有人迎、水突等穴，如被擊中後果不堪設想。

　　頸項的被動關節限度為：左、右側屈 60°以上；伸屈 50°以上；左、右旋轉 85°以上。上胸有鎖骨、中府、雲門、胸口，較為薄弱，胸腔、腹部、兩肋及肝、脾等重要臟器，如若受傷，非同小可。身體背部，脊椎、脊柱受到打擊後，很容易受內傷。

　　腰被動的關節限度為：屈 120°以上；伸 50°以上；側

屈 40°以上。髖關節被動的限度為：外展 55°以上，內收 40°以上；髖關節屈曲 145°以上；髖關節超伸 25°以上。

(三)腹下部

腹以下及襠部，也是一個精脈聚集處，必須非常注意。

二、上　肢

(一)手　背

掌背（皮薄、骨淺、筋膜多，易疼）。

(二)各指節

力量均有限，並向後及左右反關節，無法對抗手掌握力。手指被動的關節活動限度為：掌拇關節屈 90°以上，指間關節屈 95°以上；外展 50°以上；掌指關節屈 95°以上，近端指關節屈 95°以上，遠端指關節屈 95°以上。

(三)腕關節

腕關節被動的限度為：腕關節背伸 90°以上，掌屈 85°以上，橈側傾斜 40°以上，尺側傾斜 45°以上。

(四)肘　部

其為樺形結構，左右兩側極其穩固，但下方如上翹肘部和下壓手腕的對抗力則易脫臼、移位。肘關節、前臂的被動限度為：外旋 75°以上，內旋 85°以上，超伸 15°以上；前臂後旋 95°以上，前旋 100°以上。

(五)肩 部

肩部前面、後面和外面比較穩固，只有上方比較薄弱，且受肩峰的限制，在上肢外展、外旋的情況下，容易下移脫位。

肩的被動關節限度為：肩前屈約150°以上，前屈上舉180°以上，後伸80°以上；肩內旋80°以上，外旋65°以上；肩外旋位外展上舉190°以上；肩肱關節外展上舉185°以上，外展100°以上；肩水平位前屈140°以上，水平位後伸60°以上；外旋45°以上，內旋50°以上。

三、下 肢

踝關節的周圍及足背、趾跖都是比較薄弱的部位。它的活動限制範圍，踝關節背屈35°以上；跖屈50°以上；跖趾關節伸（背屈）50°以上，屈（趾屈）45°以上；中跗關節外翻40°以上，內翻35°以上。

此外，手部還有合谷、少商、曲池、少澤等穴位，肱骨中段有大血管、中樞神經等通道，如有適宜之機，採用掐、擰、按等手法刺激，對方均不能忍受。

總之，人體薄弱環節是個值得重視的課題，在實用技擊中佔有十分重要的地位，有待於我們共同研究。

第二章
查拳拳法應用

一、擊肋沖拳法

動作解說

1. 假設乙方 * 右腳在前，出右拳，擊甲方頭部。甲目視對方，身體微向後，用右手掤接乙右手腕。（圖 1）

動作要領

目測乙出拳的速度、距離，接拳時不要硬頂，掌握乙方出拳的時機。

2. 甲方接住乙來拳後，隨即採住對方右手腕，順勢向後引化至右胸前，使乙手臂伸直；同時，甲方屈左臂，順乙方右臂下，用肘尖

圖 1

---

*穿黑衣者為甲方，穿白衣者為乙方。

圖2　　　　　　　　　　圖3

穿擊乙右肋；成馬步。（圖2）

動作要領

引化乙方手臂後，一定要重心迅速下沉，右手與左肘要形成對拉力。肘法屬短打中最常用的技法。肘節纖細堅剛，其靈活性、硬度及技法多樣化超過了頭、肩、膝、胯，主攻對方上部，能造成極大的傷害和威脅，是近戰的重要武器。用肘之後，常連接掌法或拳法。此招先攻中路，既可上接拳掌擊頭，又可下接連手擊陰，肘節不撤，順擺前臂，帶動手擊，犀利難防。

3. 甲方接著目視對方，腰向左轉；同時，左手採住乙右手臂彎內側，向左後撥勁，迫使乙胸朝前，隨即右手變拳，順勢擊打乙方胸腹部；成左弓步。（圖3）

動作要領

乙方被肘擊後，身體必然弓身，左手順勁採住對方右臂後，右手要借轉腰之際，按住對方右拳，然後用斜沖拳，猛

圖 4　　　　　　　圖 5

力打其腹胸部，要求蹬地、轉腰、採臂、沖拳一氣呵成。

二、壓肘沖拳法

動作解說

1.假設乙方左腳在前，用右拳擊打甲方面部。甲方目視對方，重心微後移。（圖4）

動作要領

看清對方出拳的速度、高度、力量，掌握對方拳和自己面部的距離。

2.在乙方右拳即將接觸甲方面部的一瞬間，甲目視對方，腰微右轉，重心下降；同時，左手握拳，向上揚起，用前臂尺骨處，格化下壓乙方右手臂肘關節處。（圖5）

動作要領

甲揚臂時，左手外旋、壓肘時一定要借身體重心下降

圖 6　　　　　　　　　　圖 7

之力化解乙來拳，使其落空。

3.甲方目視乙方，右腿蹬地，成左弓步。隨即左拳逆旋，向乙胸部猛力擊出，右拳向右沖出（一是為了自身平衡，二是為了產生對拉之力）。（圖6）

動作要領

蹬地，擰腰，旋臂一定要協調一致，出拳時粘住對方手臂，借其手臂回收之機，迅速出擊，直取乙胸腹。

三、左劈右砸法

動作解說

1.假設乙方左腳在前，用左拳擊打甲方面部。甲方目視對方，重心微後移，腰向右轉避開乙來拳，右手握拳，拳眼向後。（圖7）

圖 8　　　　　　　　　　圖 9

動作要領

重心後移要掌握尺度，不要閃得太遠，充分判斷出對方手臂伸張的長度。

2. 甲微右轉身，隨即再左轉身，左手握拳內旋，由下向上用肱骨格擋，化解來拳，接著由下向後、向前、向下掄劈乙方後頸或頭部，拳眼向上，力達拳輪。（圖 8）

動作要領

掄劈時一定要配合腰部向右旋轉之力，格化乙方手臂時要粘住其左手臂，然後用下沉之勁，猛劈對方要害部位。

3. 緊接著左手變掌，順著乙方手臂捋其手腕，向左後方猛採，隨即右拳外旋，拳心向裏、向前、再向下用下沉之勁壓砸乙方的頭部、頸部或背部；成左弓步。（圖 9）

動作要領

左手採捋對方時，要利用腰部向左旋轉之勁，把乙引到身前，使其處於被動姿態，隨即右拳借用腰勁壓砸對方。

圖 10 　　　　　　　　　圖 11

四、擊腹壓肘法

1. 假設乙方右腳在前，用右拳擊甲方腹部。甲目視對方，嚴陣以待。（圖 10）

動作要領

準確判斷乙方來拳高度。

2. 接著甲方身體右轉，使乙右拳力點落空，隨即右拳變掌；同時左腳抬起，向乙右腿後面套進，膝部緊靠乙方腿彎處，成左偏馬步。隨即左拳變掌，掌心向後、向外、向上、向下畫一小圈，用肘壓封乙手臂肘關節處。（圖 11）

動作要領

最好在乙右拳剛接觸甲胸腹時，甲再順勢轉腰引化來拳，使其落空，壓肘、封臂、鎖步要協調一致。

圖 12　　　　　　　　圖 13

3. 乙方右拳落空後必向回收，甲乘勢以右手採抓乙右手腕，同時腰向右轉成左弓步，左臂鬆肩沉肘，以肘帶手，借對方回收之力，用掌背猛擊乙腹部或襠部。（圖 12）

動作要領

甲左上臂要順勢夾住乙右前臂，同時右手採住乙右手腕，借右轉腰之機，左手一定要以肘關節為軸，反掌彈擊乙腹、襠部。

4. 乙被擊後，臀部必然後撅，上身前俯，這時甲右手外旋，擒拿乙右手至腹前固定，使其右臂反轉至肘部向上，接著甲重心下降成馬步，用左肘重壓乙右肘成反關節。（圖 13）

動作要領

甲借重心下沉之勁，彈壓乙方右手臂肘關節處，形成反關節。這一動要掌握兩個勁：一是向下壓，使乙方肘關節受損；二是向後，加大控制對方的力度，可使乙重心不

圖14　　　　　　　　　圖15

穩，後仰倒地。

五、彈踢扼頸法

動作解說

1. 假設乙方右腳在前，以右拳擊甲襠、腹部。甲目視對方，察其來勢，由上向下化乙來拳。（圖14）

動作要領

迅速判斷與乙進攻有效的距離，化撥對方來拳時，一定要鬆肩沉肘，以肘為軸，向左後化撥。

2. 甲方隨即腰向右轉塌，重心前移，落於左腿，提右腿彈踢乙方小腹或襠部，腳面繃平，力達腳尖；乙重心前移，雙手合抱甲方右小腿。（圖15）

動作要領

甲一定要轉腰坐胯，重心下降，支撐腿微微彎曲，身

圖 16　　　　　　　　　圖 17

體稍前傾，提膝彈踢要快速有力，轉腰、坐胯、提膝、彈
腿要協調一致，一氣呵成。

　　3. 接上動。當乙方雙手抱住甲右腿時，甲雙手快速向
對方頸部合抱，用力掐其頸項，向回猛帶；同時屈膝頂
胸，解脫乙方抱腿之勢。（圖 16）

　　動作要領

　　乙方抱住甲方腿後，欲使摔法，甲應迅速用雙手掐住
對方脖子，使其失去進攻能力。

六、擊頸掌按法

　　動作解說

　　1. 假設甲方右腳在前，襯在乙左腿裏側，膝關節緊靠
乙左膝關節；同時，用雙掌按擊乙方胸部。乙兩手回收至
甲方前臂內側，化解甲方推按之力。（圖 17）

圖 18

動作要領

此動作可接上動，右腳落地後，可直接用雙掌掌根，用下沉之勁按擊乙方胸部，使乙後仰倒地。

2.乙被甲方推按後，甲腰迅速向左轉，左手採抓乙左手腕並外旋，掌心向上，用右掌根順乙左臂上面挫砍乙左頸動脈處。（圖18）

動作要領

甲用力推按乙方，乙身體必然後仰或用雙手撥化，這時甲一定要乘勢用掌根，使用爆發力砍擊乙左頸部位，左手採住乙左手腕後，要迅速向回帶，借腰部向左轉之機，與右掌形成對拉力，做到轉腰、擊頸、採手三同時，動作連貫一致，使乙失去抵抗能力。

3.甲方擊乙頸部後，腰迅速再向左轉，帶動左腳向右腿後面叉步（偷步）；同時左手採住乙左手腕，向左上方用力牽引，右掌向前、向下畫弧再次砍擊乙頸部後迅速回

圖 19   圖 20

收，按在乙左肋後側。（圖 19）

動作要領

　　轉換這個動作時，砍乙方的右掌要連續向前、向下發力，左手採乙右手時要注意角度，以防乙對甲用肩臂擠靠。

　　4.甲腰繼續向左轉動，重心落於左腿，微彎曲，同時右腳以腳掌為軸向後轉撐腳後跟，並擦地後撤。後撤時，以腿彎處靠擊乙左膝關節，同時左手繼續採拿乙左手腕，牽直其左臂，固定在左胸前，右掌按壓在乙左側肋部，向前下方推出。（圖 20）

動作要領

　　叉步一定要快速降低重心，隨即腰向左轉，右腿向後撤時要反弓蹬靠乙方膝部，使乙膝部受創；左手採乙手腕，牽直手臂後，用胸部靠擊乙左臂肘關節，形成肘部反關節。右掌再借勢按擊乙左肘後側，使乙肋部受損，最後可使乙方多處受擊，前仆倒地。

圖 21　　　　　　　　圖 22

七、格架沖拳法

動作解說

1. 假設乙方左腳在前，用左沖拳擊甲頭部。甲目視對方，腰向右轉，重心下沉，成馬步；同時，左手外旋，握拳上揚，拳心斜向後，用尺骨格化乙方來拳。（圖21）

動作要領

格化乙來拳時，一定要借腰部向右轉的勁，要以腰帶肩，以肩帶肘，以肘帶手向裏收架。

2. 乙方左拳被化解後，左拳收回，同時又用右沖拳擊甲左肋部。甲目視對方，腰微左轉，成馬步；同時，沉肩落肘，左前臂內旋，用前臂內側向左下方化壓來拳，右拳抱於腰間。（圖22）

動作要領

化解乙右拳時，一定要粘住其右臂，鬆肩沉肘，使乙

圖 23

右拳落空。

3. 乙方右沖拳又被化解後，再次用右貫拳擊甲頭部（太陽穴）。這時甲目視對方，腰向左轉，左手粘住乙右手臂，順頸採抓乙手腕，向左上方格化；同時，甲右拳從腰間向乙胸腹部位旋臂擊出，拳眼斜向上。（圖 23）

動作要領

格化乙右貫拳時，甲左臂注意一定要從下到上粘隨上引，使其右貫拳力點落空。甲沖右拳時，蹬地、擰腰、送膀、旋臂擊拳要一氣呵成，力達拳面，與上引格化之手形成對拉之力，這樣發力，能重創乙方胸腹部位。

八、右架左劈法

動作解說

1. 假設乙方上左腳，左沖拳擊打甲方面部。甲目視對

圖 24

圖 25

方,身微後讓,避其來拳,雙掌在腹前相合,左掌在上,右拳在下,兩臂內撐。(圖 24)

動作要領

觀察乙進攻意圖,測乙方手臂長度,判斷安全距離與有效距離之間的站位。

2. 乙拳將至,甲腰微左轉,重心下降;同時,右手裏旋,抓住乙手腕,從體前向上掤接乙方來拳,並順勢上舉,化解乙左沖拳。(圖 25)

動作要領

掤接乙方來拳時,要乘勢下沉,先用前臂尺骨處掤接乙右臂,接著裏旋採抓。

3. 緊接上動。甲目視對方,腰再向右轉,重心繼續下沉,左腿弓膝成左偏馬步;同時,右手外旋,擰轉乙左拳至右胸前,隨即左掌外旋,向上揚起,劈砍乙方上部要害部位。(圖 26)

圖 26   圖 27

動作要領

　　甲先用左腿膝關節內側突然用力擊打乙左膝關節內側，使乙方重心不穩，右手再加力外旋，擰乙左腕，並向回收帶，給左掌的劈砍創造有利時機。此招出擊要快、要準，以高速和精確的水平來增強劈砍的殺傷力，使乙後仰倒地。

九、雙按剪頸法

動作解說

　　1. 假設乙方左腳在前，以左沖拳擊甲腹襠要害部位。甲目視對方，重心微後移，成左虛步；同時，雙掌外旋，掌心斜向上。（圖 27）

動作要領

　　看準乙方來勢，掌握來拳的高度，避閃時要恰到好

圖 28

圖 29

處。

2. 緊接著，甲兩掌內旋，由外向內、向下雙按乙來拳；同時，甲重心下降，鬆塌腰胯。（圖 28）

動作要領

兩手按住乙來拳後，一定要有爆發力，並帶有向下採的勁；接著重心下沉，使乙方身體被迫前傾。

3. 接上動。甲目視對方，腰向左轉，後腳猛向前蹬，成左弓步；同時，兩掌心向下，兩臂交叉，形似剪刀，直取乙方頸部（右前臂在乙方右頸部，左前臂在乙方左頸部），向前鎖乙喉頸，向兩側剪乙頸動脈處。（圖 29）

動作要領

此招兩前臂形似剪刀，主攻乙喉部兩側頸位。兩側頸位有頸動脈和迷走神經，打擊後可致昏迷不醒，不可輕用。

圖 30　　　　　　　　　圖 31

十、膝頂側踹法

動作解說

1. 假設乙方右腳在前，用右拳擊甲面部。甲目視對方，重心微下沉，腰微右轉，左腳尖裏扣，勾住乙右腳後跟，左膝暗暗貼在乙膝關節處；同時，左手上揚，按住乙右臂外側肘關節處，右手順勢抓乙右腕，領引來拳使之落空。（圖 30）

動作要領

甲接乙來拳一定要借右轉腰之際左手搭乙右臂肘關節處，右手採抓乙右手腕向右撥動，化解乙方來拳。

2. 甲控制乙右拳後，腰微右轉，右腿蹬地，左腿前弓，左腳勾住乙右腳後跟，用膝向乙膝猛頂，成左弓步。（圖 31）

圖 32

圖 33

動作要領

甲控制乙右臂不得回收；扣腳弓膝，要先輕後重，要有爆發力，如運用得當，可使乙右膝關節受到創傷，不可輕用。

3. 乙方膝關節被控制，必然重心向後坐，右腿是虛的，這時甲腰迅速微左轉，重心落於右腿，右腿微彎曲，提左膝，勾腳尖把乙右腿勾起；同時，雙手抓住乙右臂向外送。（圖 32）

動作要領

頂膝後一定要借勢勾踢，發力要突然。

4. 乙方右腿被勾起後，甲腰迅速向右轉，左胯內扣，右腳以腳外緣向乙支撐腿膝關節裏側猛踹；同時，雙手向回採帶乙右臂。（圖 33）

動作要領

發力蹬踹時，一定要注意擰腰扣胯，蹬踹要與兩手形

圖 34　　　　　　　　　　圖 35

成上下對拉力，發力剛、脆、快，除直衝力外還要暗含沉勁，使乙立即跌倒，甚至折斷膝關節。

十一、單擠雙按法

動作解說

1. 假設乙方右腳在前，以右沖拳擊甲方頭部。甲目視對方，左掌迅速按住乙右手腕。（圖34）

動作要領

當對方右拳擊來時，甲先用左前臂尺骨處格化，再裏旋下壓。

2. 甲隨即身體重心下降，左腳向前上步，落在乙右腿後面，腳尖內扣，勾住乙右腳後跟，小腿內側緊貼乙小腿外側，成偏右馬步；同時沉肩壓肘，左掌向下、向前先按後擠，封住乙右手臂，右掌置於腰間，掌心向下。（圖35）

圖 36

動作要領

甲上步封乙手臂一定要先封住乙方勁路，謹防乙左拳突然出擊。

3.甲接著腰向右轉，後腿蹬地，成左弓步；同時右手內旋，掌心向下，用掌外緣和左手一起發力，擊按乙前肋。（圖 36）

動作要領

雙掌齊出，控制性極大，並可以調動整體之勁，衝撞力也大，可以破壞對方重心，能跌倒人。使用時必須推準推實，此招尤適中距。腳襯套勾絆，快速進身，步到掌到，大力所致，對方必定立即摔跌。

圖 37　　　　　　　　　圖 38

十二、雙採膝頂法

動作解說

1.假設乙方右腳在前，用右拳擊甲心窩處。甲目視對方，重心微後移，成左高虛步；同時，左手裏旋在體側前畫一小弧，壓在乙右拳手腕上面。（圖37）

動作要領

甲封壓乙方來拳時，一定要粘住其手腕。

2.甲腰向左轉，成小馬步；同時，左手繼續裏旋，粘住乙右手腕，向左側前引，並順勢採抓。乙又用左擺拳擊甲頭部，甲迅速右臂上架，並逆纏採抓。（圖38）

動作要領

左右採抓乙方手腕時，先格架，再順勢採抓，兩手要形成弧形對拉力，分化乙方來力。

圖 39

3.接著甲右手採乙左手腕，左手採乙右手腕，同時向後猛採，迫使乙上身前傾；同時，右腿提膝頂擊乙胸部。（圖 39）

動作要領

甲雙手採抓時，勁先向兩側牽直乙雙臂，然後再突然向後猛採。起膝要有力，支撐腿要站穩，並且從下而起，隱蔽難測，利於貼身近戰。頂膝法動形較小，直接提膝可擊，方便易用。強攻時上步進身，先用雙手控制對手，如抓頭髮、採頸項、採臂、抱腰等，同時進行膝擊，如擊面、擊肋等，使對方無法逃脫。

十三、雙採雙叉法

動作解說

1.假設乙方右腳在前，出右拳擊甲的面部。甲目視對

| 圖 40 | 圖 41 |

方，重心微向後，腰向左轉，成左虛步；同時左前臂以肘
為軸外旋向上畫弧，手指上揚，掌心斜向後，用橈骨掤接
乙方來拳。（圖 40）

動作要領

甲接乙來拳時，起手轉腰要協調一致，手隨腰轉化解
乙方來拳。

2. 甲腰繼續右轉，同時左手外纏，採抓乙右手腕，向
左側畫弧，弧形化乙右拳。乙又以左沖拳擊甲腹部，甲右
手裏纏，順勢採抓乙左手腕，向右側旁下開，使兩手相繼
化開，成左虛步。（圖 41）

動作要領

甲左手格採，右手撥採，要順乙的來力借勢採拿。採
時要輕，拿時要猛，兩臂要形成弧線對拉之勁。

3. 甲迅速左腳向前上步，落在乙右腳腳後跟後面，腳
尖內扣；同時，雙手向後發力猛帶，使乙方身體前傾，這

第二章／查拳拳法應用

圖 42　　　　　　　　圖 43

時甲雙手外旋，掌心向上，用掌尖發寸勁，叉擊乙雙肋。
（圖 42）

動作要領

甲引對方雙臂向回發力後，要借對方身體向前傾時迅速出掌，雙掌齊插，寸勁直擊，掌插雙肋，力量充足，發力隱蔽，一掌佔先並能長驅直入。

十四、近身貫拳法

1. 假設乙方右腳在前，用右拳擊甲胸肋部。甲目視對方，重心迅速下降，腰微左轉；同時，左手內旋用尺骨粘制乙拳。（圖 43）

動作要領

甲要借重心下降化解乙方來拳。

圖 44   圖 45

2. 甲腰繼續右轉，左腳向前邁一步，落在乙右腳外側，腳尖內扣，隨即右腳跟半步，成小馬步；同時，左拳繼續逆纏，向下纏壓乙右臂，再由外向內擺動，貫擊乙後心；右拳裏旋，由外向內擺動，力達拳面，貫擊乙胸肋。（圖 44）

動作要領

此招是查拳起勢中的對拳，用法獨特，運用時可單擊後背，也可單擊胸、腹、肋、襠等部位，也可同時發力前後夾擊。

十五、沖拳彈踢法

動作解說

1. 假設甲以左弓步、左沖拳擊乙頸部，右拳向後沖擊，保持平衡。乙身體迅速向後仰，避甲左拳。（圖 45）

圖 46　　　　　　　　　圖 47

動作要領

甲上步沖拳一定要長徑直沖，上步要鎖在乙右腳後面，嚴防其後撤，迫使乙方身體後仰或以手招架。

2.甲目視對方，腰左轉；同時，左臂沉肘，順勢採抓乙右臂肘彎處，向左後橫採；右手由腰間向乙胸口處猛擊，成左弓拗步沖拳（拳眼斜向上）。（圖 46）

動作要領

左手採時，要先沉肩壓肘，抓採一定要有爆發力，鬆肩、沉肘、旋臂，力達拳面，沖乙心窩。

3.當乙身體後弓，左手下壓甲方來拳，並欲提膝彈腿時，甲左手採住乙右手不動，隨即右拳外旋，拳心斜上，向下猛砸乙膝或大腿。（圖 47）

動作要領

發力時，重心下沉，周身要有整合勁，沉重而猛烈，使乙膝關節和大腿上部得到重創。

圖 48

4. 甲隨即左手向左後方猛帶，左腿支撐，右腿提膝抬起，腳尖繃平，小腿發力，向乙腹部彈擊。（圖 48）

動作要領

彈腿在查拳基本功訓練中尤為重要，它特點突出，彈腿時坐胯、提膝、彈踢，一定要協調一致，快速有力，勁短意長，出腿隱蔽，一旦擊中，對方受力面積小，難以抵禦。彈腿乃腿法中最快的一種，腳尖傷人，易於操縱，收放隨意，變化多端，犀利難測，精確性高，滲透力強，能鑽人空檔，取人要害。

十六、提膝側踹法

動作解說

1. 假設乙右腳在前，用右沖拳擊甲左肋部。甲目視對方，腰微右轉，右腿支撐身體重心，左腿提膝，腳尖翹

圖 49　　　　　　　　　　圖 50

起；同時，左手握拳內旋，向左側畫弧，拳輪向前，右拳提至右腮旁，拳心向裏。（圖49）

動作要領

甲身體重心一定要穩，左手化撥乙來拳，動作不易過大，提膝速度要快，化撥提膝有一小對拉力。

2.甲迅速發力，向乙膝關節猛蹬，腳尖翹起，力達腳後跟；同時，右拳向右後反崩，力達拳背。（圖50）

動作要領

實用時，甲應見機速進，用腳猛蹬乙膝關節，右拳向右後崩，與左腿形成對拉力，並謹防後側有人。此招出勢低矮，隱蔽難測，不易防範，可連續出腿，控制範圍較大，不易擊空。發力時，向前、向下用力，除直蹬力外還暗含跺勁，最易傷膝，不可輕用。

圖 51　　　　　　　　　　圖 52

十七、斜踹胸肋法

動作解說

1. 乙右腳在前，以右沖拳擊甲頭部。甲目視對方，腰微右轉，重心稍後移；同時，右手握拳，提至腮旁，拳心向裏；左手握拳，手臂內彎。（圖 51）

　　動作要領

站位控制要準，掌握與乙手臂長度的安全距離。

2. 甲順勢用右手採住乙右手腕，向右微撥；同時，重心落於右腿，膝微屈；左腿提膝內扣勾腳；左手提至右肘側。（圖 52）

　　動作要領

重心要穩，提膝要快，採抓要準。

3. 甲腰微右轉，左髖內扣，身體斜向右側；同時，左

圖 53

腳迅速向乙胸肋鑱踹。（圖 53）

動作要領

實用時，甲見機進取，可用腳猛力鑱踹乙各要害部
位。此法踢出雖是直腿，卻是斜身，在踢腿的過程中，能
充分利用腰力，調動整體勁，提膝能防守，出腳能進攻。
不但能沖傷其內臟，造成嚴重傷害，並且能致對方傾跌，
引起摔傷，此腿法適合進攻對方任何部位。

十八、高蹬磕壓法

動作解說

1. 假設乙右腳在前，以右拳擊甲頭部。甲目視對方，
腰向左轉，重心下降，雙手裏旋，掌心向外，兩手交叉，
右手在前，左手在後，掤化乙來拳。（圖 54）

圖 54 圖 55

動作要領

甲兩手交叉上架時，重心隨之下降。

2. 甲身體重心落於左腿，微向後仰；同時左手採乙右手腕向回帶；右腿提膝，右腳猛力蹬擊乙面部；乙順勢後仰，左手上架，這時甲用腳後跟向下磕擊，右手按在右大腿上，向下助力，增加磕壓力量。（圖 55）

動作要領

實用時，甲見機速進，用力猛蹬乙面部或心窩。如乙身體後仰，隨即磕壓其身體正面。

此用法屬中距離正面腿法，即蹬擊時胸向正前，正面進攻，直取心窩，中線強攻，以實突破，一旦得手，立占上風，但正蹬最忌蹬空或被其挑、撥、抓、推、架等，故若看不準戰機，不可輕出。

圖 56

圖 57

十九、採帶劈掛法

動作解說

1. 假設乙方右腳在前,用右拳擊甲頭部。甲目視乙方,身體微後移,左拳護於左腹前,右拳上揚至右腮旁。(圖 56)

動作要領

甲重心微後移,閃躲乙來拳時,要恰到好處地掌握安全距離、出拳節奏,正確判斷出拳方位。

2. 甲腰向右轉;同時,右手順勢採抓乙右手腕,向右胯旁採帶,接著,重心落於左腿,右腿直伸,由下向左、向上、向下劈掛乙後頭頸及後背。(圖 57)

動作要領

甲實用時要看準機會,快速起腿,達到一定高度後,

圖 58

用力向下劈砸，起腿落腿時身體不要後仰。此用法還應借
右手採抓乙方手臂的勁，使乙身體重心前傾，配合起腿。
整個動作一定要協調一致，把握不準，寧可不用，否則必
定被動。

二十、削頸膝頂法

動作解說

1. 假設乙方右腳在前，用右拳擊甲腹部。甲目視對
方，腰向右轉，成側馬步；左手逆旋向內畫一小圈反抓乙
右手腕，向左撥化。（圖 58）

動作要領

化撥乙來拳時，要以腰為軸，帶動肩臂，內旋反抓要
乾淨俐落。

2. 甲腰繼續右轉，右腿蹬地，左腿弓膝成左弓步；同

圖 59　　　　　　　　圖 60

時，右掌經體前向左、向上、向右，掌心向下，用掌外緣反削乙右頸部。（圖 59）

動作要領

實用時，甲見機速進，儘量與左手配合，形成對拉力，用掌猛削乙頸項或頭部。此用法用掌緣橫行發力，比較靈活，蓄勢較小，方便易用，常用在進身或中距離攻擊時，攻擊目標能多方面取位，如頸部左右動脈、咽喉、後頸及頭等部位。

3.接著，甲重心落於左腿，提右膝，頂擊乙面部或胸部；同時，左手再順纏向外畫弧，順勢抓拿乙右手腕向上翻轉，使乙右臂伸直；右手採按乙後頸，用力下壓。（圖60）

動作要領

甲左手拿腕翻臂，右掌採按，與提腿頂膝要協調一致，一氣呵成。

圖 61　　　　　　　　　　圖 62

二十一、轉身橫擊法

動作解說

1. 假設乙右腳在前，用右拳擊打甲方頭部。甲目視乙方，腰微左轉；同時，左手裏旋，採抓乙右手腕，向左側化解；右手握拳置於腰腹處。（圖 61）

動作要領

化解乙右拳的同時，重心向前成左弓步。

2. 隨即重心落於左腿，腳尖外展 45°，腰繼續左轉，右腿提膝扣膝，向上、向左橫擊乙方胸肋部位；同時，左手採乙右手腕向左引帶；右手從腰間裏旋，搭住乙後頸，向回猛採，與右膝形成上下合力。（圖 62）

動作要領

可充分利用擰腰轉體之勁，提高膝擊的攻擊距離和攻

圖 63　　　　　　　圖 64

擊精確度，同時配合手臂抓採回帶。

二十二、橫掃頂肘法

動作解說

1. 假設乙方右腳在前，出右拳擊甲胸部。甲目視對方，重心下沉，右腳向前 45°上步；同時，右手裏旋，採抓乙右手腕向外 45°化解乙方來拳；左手按在乙右臂上面。（圖 63）

動作要領

上步採抓，一定要迎著拳，隨化隨進，控制乙右拳在 45°左右。

2. 隨即甲腰向右轉，重心下沉至左腿，身體向後傾斜，右腿以腰帶髖，以髖帶腿，以腿帶腳，橫掃乙後腰；同時，兩手抓乙右臂向回猛帶。（圖 64）

圖 65

動作要領

動作要協調一致，見機速進，動形要大，擰腰轉髖，要強勁有力。

此動作因整腿著力，幅度大，一旦走空，身體晃動，易出破綻，所以踢時雙臂和腰要協同用力，以增加穩定性，並判斷準確，一掃必準。

3. 接著，甲右腿自然下落，然後再迅速提膝；同時，右手裹旋擰轉乙右臂，左手按在乙右臂上面，用力下按，與上頂的膝部形成合力，猛擊乙右臂肘關節處。（圖 65）

動作要領

甲掃腿接提膝動作要銜接連貫，乙腰部受到掃擊時，趁機要擰轉乙右臂，創造出用膝頂肘的最佳時機，再實施對乙手臂的二次打擊。

圖 66

圖 67

二十三、撅臂拿摔法

動作解說

1. 假設乙方右腳在前，用右拳擊甲胸部。甲左手裏旋，採乙右手腕，向左後方引帶，右腳上步至乙右腿內側；同時，右手合抱乙右臂。（圖66）

動作要領

採抓乙右手時先不要用力，上右步和右手合抱要同時進行，合抱後要先把乙右臂控制在胸前。

2. 甲隨即腰向右轉，左腳向前上步，落在乙兩腳後面的中間，隨即右膝磕擊乙右膝內側，使乙先重心失衡；同時，左手拿乙右腕弧形上舉，右手反壓乙手臂，同時發力，可使乙臂受傷，前仆倒地。（圖67）

圖 68

動作要領

甲磕膝、上步動作要突然，兩手合抱後要上舉下撅，要借助身體下降之力。注意模擬訓練時不要撅肘關節，以免乙方肘關節受到損傷。向下撅臂可使乙前仆倒地，向前推拿乙右手臂，則後仰倒地。

二十四、反弓蹬步法

動作解說

1. 假設乙右腳在前，用右拳擊甲胸部。甲目視對方，腰向右轉，左手先採住乙右臂肘關節處，化乙右拳，右手隨即採乙右手腕，把乙右臂固定在體前；同時，右腿向左腿後叉步。（圖 68）

動作要領

甲採肘抓腕要準確無誤，轉腰叉步重心要注意下沉，

圖 69

左臂肘節壓在乙右肩關節後面。

2. 甲迅速繼續腰向右轉，左腿向乙兩腿之間反叉，成右弓步，用腿彎處猛擊乙右膝關節；同時，右手採乙右手腕，左手抓住乙肘關節，用肘向下壓乙右後側，聯合發力，使乙前仆倒地。（圖 69）

動作要領

甲一定要注意轉腰發力，左、右手控制好乙右臂，先使乙重心前移，接著反弓蹬步，使其右膝關節受創，再利用轉腰壓肘反蹬之合力使乙前仆倒地。

二十五、穿掌靠摔法

動作解說

1. 假設乙右腳在前，用右拳擊甲頭部。甲目視乙方，重心下降；同時，右手裏旋，掤接乙來拳，並順勢採抓乙

圖 70　　　　　　　　　　圖 71

右手腕；左臂粘肩沉肘，變立掌置於左腹前；重心在兩腿之間。（圖 70）

動作要領

甲化解乙來拳一定要注意出拳高度（如對方擊打中路以下，這個動作就不能用），接乙來拳時，要先迎再接，順勢採拿。

2. 甲重心繼續下降，腰下塌，左腳向前上一步，落在乙右腿後方；同時左手以手帶肘，以肘帶肩，由乙兩腿之間向乙左膝後穿出，並屈指抓扳其左膝。（圖 71）

動作要領

甲重心下降要突然，穿掌要迅捷。重心下降後，右手採乙腕要向回帶，與穿掌形成對拉力，左肩要靠乙右肋，肘要擊乙腹，手扳乙左膝。

3. 甲重心快速向前，成左弓步；同時，右手抓乙右手腕向乙胸部按擊；左手扳乙左膝，向回猛帶，使乙方後仰

第二章／查拳拳法應用

圖 72 圖 73

倒地。（圖 72）

動作要領

甲蹬地弓腿，按掌，扳膝一定要動作連貫，一氣呵成。

二十六、擺掌擊胸法

動作解說

1. 假設乙方右腳在前，用右手肘擊甲腹肋部。甲迅速腰向右轉，右腳向斜前方邁出；同時雙手先向右擺，化解乙方進攻。（圖 73）

動作要領

甲轉腰化勁，雙肘要粘封乙右手肘。對峙時，如右腿在前可直接轉腰擺掌，如左腳在前必須上右步。

2. 甲快速進左腳，落在乙右腿後面，大腿內側緊靠乙右腿後面；同時，腰發力左轉，雙掌齊向左猛擺，按擊乙

圖 74

圖 75

胸，使乙後仰倒地。（圖 74）

動作要領

此動作打摔結合，可直接進攻，關鍵是要掌握時機，創造使用此動作的應用條件。

二十七、擠靠摟壓法

動作解說

1. 假設乙方右腳在前，用右手肘擊甲腹肋部。甲迅速腰向右轉，右腿向斜前方邁出；同時，雙手先向右擺，化解乙方進攻。（圖 75）

動作要領

甲轉腰化勁，雙肘要粘封乙右手肘。對峙時，如右腿在前可直接轉腰擺掌，如左腳在前必須上右步。

2. 甲迅速上左步，落在乙右腿後面，大腿內側靠乙右

圖 76   圖 77

腿後面；同時，右手採抓乙右腕，向右下方帶；左手扳住
乙左胯，肘貼其小腹，肩靠其右肘，由腰的旋轉，快速使
用擠靠摟壓，使乙後坐倒地。（圖 76）

動作要領

甲右手採抓住乙手腕，注意先將其固定在腹部，借腰
力，肩靠肘擊，手扳，使乙腹部受肘擊並後仰倒地。

二十八、按胸勾掛法

動作解說

1. 假設乙方右腳在前，用右手肘擊甲腹肋部。甲迅速
腰向右轉，右腿向斜前方邁出；同時雙手先向右擺，化解
乙方進攻。（圖 77）

動作要領

甲轉腰化勁，雙肘要粘封乙右手肘。對峙時，如右腿

圖 78

在前可直接轉腰擺掌，如左腳在前必須上右步。

2. 甲右手裏纏，採拿乙右手腕；左手裏纏，掌心向下，按擊乙胸部或頸喉部位；同時，右腿直立，起左腿，用左腳勾踢乙小腿，配合左右手同時發力，使乙後仰跌摔。（圖78）

動作要領

甲勾踢掛一定要快速有力，把乙重心全部打起來。此動作如掌握得當，能使乙後仰，後腦著地。危險性極大，慎用。

二十九、摟膝採頸法

動作解說

1. 假設乙方右腳在前，用右拳擊甲肋部。甲目視對方，腰先向左轉，重心下沉；同時，左臂內旋，向下、向

圖 79   圖 80

外畫弧，用肘關節化解乙右拳，左手按在乙右大腿內側或膝內側；右手置於左肩前，成偏右馬步，落於乙右內側。（圖 79）

動作要領

注意鬆肩沉肘，可以先捏拿乙大腿內陰廉、五里等穴，取得先機，為下一動創造有利條件。

2. 甲乘勢腰髖快速向右旋轉，重心下降；同時，右手裏纏，從乙右側按拿其後頸，向右下猛採，使乙重心前傾；左腳絆住乙右腳，左手摟按乙右大腿內側，用力向後發力，使乙側仰倒地。（圖 80）

動作要領

整個動作要連貫一致，採頸拿脖，向下採要快速發力，撥乙重心，再加腰力，能使乙瞬間倒地。

圖 81 圖 82

三十、閃通背摔法

動作解說

1. 假設乙用右高劈掛腿法擊甲頭部。甲目視乙方，重心下降至兩腿之間，成馬步；同時，左手外旋，虎口向上，屈臂架格乙小腿後面，肘關節外側掤接乙腿腿彎處；右手裏旋，掌心向上，掤接乙右腳踝關節處。（圖81）

動作要領

接此來腿一定要有充分準備，掌握乙右腿起腿後的最高點，再雙手合力掤接。

2. 甲借勢重心突然下降，腰向右轉，右腿向右後撤步，成馬步；同時，雙手合抱乙右腳，用左肩背扛乙右腿腿彎處，背對乙方。（圖82）

圖 83

圖 84

動作要領

轉腰撤步要快，後胯靠擊乙襠，雙手合力下壓。

3. 甲隨即重心再繼續下降至深蹲；同時，雙手合抱乙右腳踝，向下猛摔，能造成乙頭部著地。（圖83）

動作要領

整個動作要連貫一致，閃身、接腿、撤步、通背、填胯、合抱下壓要借重心下降之勁，一氣呵成，形成過頂摔。

三十一、鎖步靠摔法

動作解說

1. 假設乙右腳在前，用右拳擊甲頭部。甲目視乙方，重心下降；同時，右手裏旋，掤接乙來拳，並順勢採抓乙右手腕；左臂粘肩沉肘，變立掌置於左腹前，重心在兩腿之間。（圖84）

圖 85

圖 86

動作要領

甲化解乙來拳一定要注意出拳高度（如對方擊打中路以下，這個動作就不能用），接乙來拳時，要先迎再接，順勢採拿。

2. 甲迅速重心下降，左腳向前上一步，落在乙方左腳後面，腳尖內扣，勾住乙左腳後跟，成馬步；同時，右手採乙右手腕向後上架；左手向前穿出，拇指向上。（圖 85）

動作要領

甲右手採拿乙右手腕，要向後上方引帶，使乙臂下空間加大，給甲肩背靠擊胸肋製造出進攻條件，甲發力要用彈抖之力。

3. 甲迅速再弓左腿，身體前移，左手尺骨、肘部猛向下方貼住乙胯上凹陷處發力，右手握乙腕向前發力，隨著肘擊肩靠，使乙方向前側身跌出。（圖 86）

圖 87

動作要領

甲用此動作時，注意右手格架，採拿向回帶，身體重心下降，上步鎖腳，肩肘靠擊，再合力前發，如運用得當，可使對方整身跌出。

三十二、合手拿頸法

動作解說

1. 乙右腿在前，用手擊甲頭部。甲目視對方，腰向左轉；同時左手內旋，用尺骨處格化乙右拳至左側；右手置於腹前，掌心向下。（圖 87）

動作要領

迎接乙右前臂，要向左下方發彈抖勁，磕開來拳。

2. 甲迅速右手裏旋，反手從乙頸部右側入手，扣腕抓拿乙後頸，用肘外側猛擊乙腮下；同時，左手裏旋，從乙

圖 88　　　　　　　　　　圖 89

頸部左側入手，扣腕抓拿乙後頸，用橈骨處扣鎖乙右腮，兩
手交叉，合抱乙頸；左腳向乙右腳內側上一步。（圖88）

動作要領

甲左手化乙右拳後，應迅速採拿乙頸向回帶，右肘擊
乙右腮後，合鎖乙頸。此招法乃查拳中的小梅花手，合力
後，能使對方窒息，不可輕用。

3. 甲隨即腰向右轉，重心下降，左手裏旋、右手外旋
向下採，迫使乙頸右轉，面部向上，右手再用掌根按封乙
喉，使乙後仰跌出。（圖89）

動作要領

兩手合抱旋轉，要鬆肩合肘，向腹前猛帶，隨著頸部
的擰轉，能將對方頸椎扭傷，造成嚴重後果，慎用。

圖 90

圖 91

三十三、合抱壓肩法

動作解說

1. 假設乙方右腳在前，以右沖拳擊甲方頭部。甲目視對方，左掌迅速按住乙右手腕。（圖90）

動作要領

當對方右拳擊來時，甲先用左前臂尺骨處格化，再裏旋下壓。

2. 甲隨即左腳內扣，重心微降，右腿向左小腿後叉一小步；同時左手向下按乙右拳，繞乙右臂內側，由臂下扳住乙右肩肩井穴；右手快速合抱，按壓乙右肩關節，身法不變。（圖91）

動作要領

扣腳、叉步、合抱、下壓，身法先不變。

圖 92　　　　　　　　圖 93

3. 甲兩手合抱，重心突然下沉，腰向右猛轉，身體轉90°；同時左腿後撐，用腿彎靠擊乙右膝，成右弓步；兩手向胸腹前合力，使乙前仆倒地。（圖 92）

動作要領

整個動作要配合嚴密，又步時要隱蔽，撤步下壓，要借腰的旋轉和重心的下降。此動作可導致對方肩關節損傷，前仆倒地。

三十四、上步抹摔法

動作解說

1. 假設乙方右腳在前，用右拳擊甲頭部。甲目視對方，重心微下降，腰向右轉；同時，右手裏旋，掤接乙右手。（圖 93）

圖 94   圖 95

動作要領

注意掤接乙右拳時，要借向右轉腰的勁來改變來拳方向。

2.甲重心繼續下降，腰再向左轉，左手裏旋，採抓乙右手腕；右臂沉肩，手裏旋，向乙右腰側伸出。（圖94）

動作要領

右手改變乙右拳方向後，隨著重心下降左手上架，兩手替換銜接不要有間隙。

3.甲隨即上右步，腰再向右轉，落在乙右腿裏側，膝內側緊貼乙膝內側；左手繼續抓乙腕不放，右手從乙身後按住乙右胯後側。（圖95）

動作要領

甲上右步和手抹腰要同時，腿、膝、胯要與乙緊挨貼靠。

4.甲腰繼續右轉，右腳尖外擺，左腳後跟外展，重心

圖 96   圖 97

鬆沉下降，左手按乙右胯，兩臂合住勁，向右下猛然發力，使乙前仆倒地。（圖96）

動作要領

合勁下沉，轉腰坐胯，要以右腳為軸心，身體旋轉發力，使乙前仆倒地。

三十五、擰腕壓肘法

動作解說

1. 假設乙方右腳在前，用右拳擊甲頭部。甲目視對方，重心微下降，腰向右轉；同時，右手裏旋，掤接乙右手。（圖97）

動作要領

注意掤接乙右拳時，要借向右轉腰的勁來改變來拳方向。

圖 98

2. 甲隨即腰向左轉，身體重心突然下降，左腳上步，落在乙襠下；同時，右手擰轉乙手腕，翻轉至拳心向上；左臂鬆肩沉肘，以前臂內側扣壓甲肘關節，向下、向前發力，使乙後坐倒地。（圖98）

動作要領

擰腕壓臂，兩手要協調一致，右手擰時要把乙右拳固定在腹部，左手下壓使乙肘關節不得彎曲，上步時雙手向回帶，左腳向前快速邁進，發彈抖勁，使乙肘部損傷，後坐倒地。

三十六、順手牽羊法

動作解說

1. 假設乙方右腳落在甲左腿處，鎖住甲腳，用右拳擊甲胸肋部。甲目視對方，重心下降，腰向右轉；同時，右

圖 99　　　　　　　　　圖 100

手順勢挳抓乙右手腕；左手按在乙右肘上方。（圖 99）

動作要領

接腕挳肘一定要從乙右臂上面順著來力的方向，先稍稍下引，前腳要在對方前腳的裏側。

2.甲順勢重心下降，腰繼續向右轉，左腿向左後方邁出，擰腰變臉，重心移向右腿；同時，雙手採乙右臂，順勁向後發出，將乙方從甲左胯上跌出。（圖 100）

動作要領

此動作先突出一個順，順著乙方的勁，順著來力的方向。牽是牽動，牽動可以借力打力，「四兩撥千斤」。

三十七、托肘磕腿法

動作解說

1.假設乙方右腳在前，用左拳擊甲上部。甲目視乙

圖 101   圖 102

方,重心下降;同時右手裏旋,抓乙左手腕,向外擰轉,
畫一小圓;左手外旋,採抓乙肘關節向上托,使乙肘部成
反關節。(圖 101)

動作要領

採住乙來拳後,注意要使乙方拳心向上,用力下壓;
左手托住乙肘,中指迅速勾住其曲池穴,拇指少澤穴用力
上托,使乙方肘關節受到損傷。

2.甲隨即右腿支撐身體重心,左腿提膝,小腿向前,
伸到乙右膝後側腿彎處,用腳後跟向後用力猛磕,同時兩
手前送,形成上下對拉力,使乙後跌倒地。(圖102)

動作要領

上托下壓必須同時進行,動作要得法,起腿要快,磕
腿要用爆發力,與兩手前送也要同時進行。

圖 103　　　　　　　　　　　　圖 104

三十八、大梅花手法

動作解說

1. 假設乙方右腳在前，用右拳勾擊甲頭部。甲目視對方，腰向右轉；同時，右手裏旋迎乙臂，順勢向右採抓乙右手腕。乙右拳被化解後，又用左拳擊甲胸腹部，甲左手裏旋，順勢用尺骨格化來拳，並借力向左採抓。（圖 103）

動作要領

接拳抓握化勁要順著乙方來力，右手由上向外，左手由下向外，形成弧形對拉力。

2. 甲腰繼續右轉，右手突然發力，擰轉乙右臂至腹前，左手繼續向上、向右加力擰轉，用乙左前臂擊乙右上臂內側，使其兩臂交叉，失重滾翻倒地。（圖 104）

動作要領

實用時動作要上下協調，配合腰力，抓時要輕，採時要

圖 105 圖 106

快，重心要突然下降，使乙方兩臂交叉後，左手用力下壓。

三十九、鎖步肩靠法

動作解說

1. 假設乙方左腳在前，用右拳擊甲頭部。甲目視乙方，腰微右轉，左手揚起，用尺骨向左接架乙右拳，並使其落空。（圖 105）

動作要領

接架乙右拳時，前臂上揚 45°，肘關節不要抬起。

2. 隨即甲左手裏旋，採抓乙右肘關節處向外開，乙又用左拳擊甲胸肋，甲右手抬起，由外向內畫一個小圓，用尺骨向外撥乙左拳，使其來力落空。（圖 106）

動作要領

左手採住乙右肘關節與右手的外撥要形成一個分力，

圖 107

為下一動創造有利條件。

3. 甲乘勢左腳向前上步,落在乙右腳外側,膝內側緊靠乙腿外側;同時,左手猛力抓乙右肘關節處向前下方採按,右手順乙左臂下,向乙頭後發力,用上臂前肩部位靠擊乙腋下,使乙側向倒地。(圖 107)

動作要領

此用法前兩動要協調一致,要求兩方面對面,甲左腳暗上步,鎖住乙腳外側,佔領有利位置,取得先機,再發力靠擊。

四十、拿膝肘擊法

動作解說

1. 假設乙方左腿支撐,用右掛腿擊甲上部。甲目視對方,重心向前,身微右轉;同時,右手迅速上舉托抓乙右

圖 108　　　　　　　　圖 109

踝，左手也上舉，合抱乙腳踝上方。（圖 108）

動作要領

接乙腿時不要硬碰，等乙腿升至最高點時，突然出手托舉，再兩手合抱。

2. 甲接腿後，把乙小腿放在右肩上，右手固定住其右腳，左手肘按壓其膝關節，用肩作支點，左臂合力猛壓乙膝關節。（圖 109）

動作要領

接住乙右腿後，應迅速填肩扛腿，合抱右膝，用寸力下壓，造成乙膝反關節。

3. 甲隨即左腳上一小步，落在乙左腳後面；同時，腰向右轉，右肩放鬆，右臂彎曲，使乙右腿落在右臂彎內，左肘猛力向乙胸口擊壓，同時右臂上掀，使乙胸部受傷，後仰倒地。（圖 110）

圖 110　　　　　　　　圖 111

動作要領

此動作關鍵要接好來腿，再發力拿膝肘擊胸口，掀腿
倒地，拿、打、摔結合運用，也可單獨運用。

四十一、摟按絞絆法

動作解說

1. 假設乙方右腿在前，欲用進攻動作。甲見機速進，
迅速重心下降，右手掌尖叉擊乙咽喉，掌根坐腕按乙胸；
左手向下，摟住乙膝彎。（圖 111）

動作要領

甲主動進攻，上驚下取，虛中有實，實中有虛。

2. 甲重心突降，腰向左轉，右腳向前上一大步，插落
在乙左腿後面，絞絆乙小腿；同時，左手將乙右腿搬起，
向回帶收至腰間；右手二次進攻，向乙胸部發勁推出，使

圖 112　　　　　　　　圖 113

對方向後仰面跌出。（圖 112）

動作要領

甲揀腿要快，搬腿要實，右手插按要虛中有實，晃上取下，右腿向前跨步要準，絞絆要實，動作連貫，一氣呵成。

四十二、拿肩跪腿法

動作解說

1. 假設乙方右腳在前，以右拳擊甲頭部。甲目視乙方，腰向右轉，左腿向前上一小步，輕貼乙右腿外側；同時，右手裏旋，接採乙右手腕；左手裏旋，扶按在乙右臂上，有欲拿之勢。（圖 113）

動作要領

上步要輕，落腳隱蔽，接手要快，重心後坐，伺機後發。

圖114　　　　　　　圖115

2. 甲重心猛然下降，左腿內旋，用膝頂住乙右膝後腿彎，借身體下降之勁，跪壓乙腿，左腳跟抬起；同時，右手外旋，擰住乙右手腕上提，左手按乙肩關節後側下壓，使乙手腳被制，前仆倒地。（圖114）

動作要領

此用法先輕後重，拿摔結合。

四十三、正壓纏絲法

動作解說

1. 假設甲乙雙方平行站立，乙右手突然抓採甲右手腕，欲使用進攻動作。甲目視對方，重心微下降，左手迅速抓住乙方的右手背，不讓其逃脫；同時右手變掌。（圖115）

動作要領

左手抓壓乙右手背時，要用內在的抓合勁向回收沉，

第二章／查拳拳法應用

圖 116

儘量迫使乙右臂伸直。

2. 甲右手稍微引進，沉肘以加強合力，繼續由下而上反纏乙方的手腕部，以手指旋轉，勾拿乙橈骨處，向裏、向下勾壓，使乙反筋背骨而跪地。（圖 116）

動作要領

用內在的柔勁將乙腕部纏緊，著力點在右手掌外緣，實用時要以快速冷脆之勁切壓對方的腕部。

種種拿法須在實用或訓練時經常拿人、反拿、緩解被拿，才能運用熟練，熟能生巧，腰腿身手，柔活協調，越練越輕靈，不鬥蠻力，總以觸覺靈敏，因敵變化順人之力為原則。拿法處處輕靈圓轉，捨己從人而控制對方勁路。拿法在我國武術中稱作「小手」，原為一偏之長，須和踢、打、跌、摔兼施並用，遇巧則拿。查拳在實用時主張「逢丟必打」「逢拿必打」。

圖 117　　　　　　　　　圖 118

四十四、抱纏捲壓法

動作解說

1.假設乙方兩腳平行站立，用右手採抓乙右手腕，欲使用進攻動作。甲迅速腰向右轉，成前後步；左手外旋，順乙右臂下屈臂合抱反抓乙右手掌外緣；右手變掌由下而上反纏握乙方手腕部，以掌外緣封壓乙腕部，兩手交叉，合抱於胸前。（圖 117）

動作要領

乙抓住甲右腕後，甲迅速轉身，左手屈臂合抱，向胸前回帶，使乙臂伸直，並使其不能逃脫。

2.甲迅速腰向左轉，重心下沉；同時，雙手捲壓乙右前臂外側，合力捲壓，使乙方腕關節受創而跪地。（圖 118）

圖 119

動作要領

使用勁路要得法，外旋捲腕要毫無鬆動，必須越捲越緊，借重心下沉之勁向下擰轉。

四十五、擒指折腕法

動作解說

1. 假設乙用右手採抓甲左手腕，欲使用進攻動作。甲目視對方，重心微下沉，右手快速扶在乙右手背上面。（圖 119）

動作要領

乙方抓住手腕時，甲方左手向回收；右手按乙右手時，中指、食指要扣住其合谷穴，無名指、小指勾拉住其食指外側，拇指扣住右手外緣。

2. 甲迅速腰向左轉，雙手向下、向左、向上畫弧，使

圖 120   圖 121

乙手拇指反筋背骨，難以合攏。隨即甲右手外旋順勢採乙
手指，突然下沉肘關節，使乙方反臂拉直，兩手合抓乙指
關節向前上方猛提，迫使乙腕部反折，可使乙手腕、手指
疼痛或受傷。（圖 120）

動作要領

向左化解時注意雙手要隨腰轉，改變方向後要先沉後
提，並向回收，腕向裏扣，動作要連貫一致，不能有脫節
現象。

四十六、合抱壓腕法

動作解說

1.假設乙方用左手抓採甲右手腕，欲使進攻動作。甲
腰向右轉，重心微後移，右臂成弧形，由下向外畫弧，使
乙左臂伸直。（圖 121）

圖 122

動作要領

甲被抓住手腕後，不能出現頂勁，向外畫弧時手臂不動，一定要隨腰轉，這樣做非常省力。

2. 甲腰突然向左轉，左手合乙左手，拇指扣壓其合谷穴，中指、無名指、小指緊握手外緣，食指壓乙指背；同時，右手外旋向外畫一小圈，抓握乙左手腕關節尺骨處，雙手合力下壓。（圖 122）

動作要領

轉腰化解、封壓、合抱、下壓、鬆沉下墜，勁路要得法，柔拿剛發。

四十七、扳指撅腕法

動作解說

1. 假設乙方左手掌心向上抓握甲右手腕，欲使進攻動

圖 123   圖 124

作。甲重心微後坐，右手外旋回收至胸前，左手快速合抱
抓握乙右手掌骨。（圖 123）

動作要領

甲右手向內回收時，要粘轉乙手，使乙手的抓握改變
角度。

2. 甲隨即重心前移，腰向左轉；右臂鬆肩沉肘，右手
內旋，反握乙左手四指；左手反抓乙左手拇指，合力撅腕
扳指，再向前發力。（圖 124）

動作要領

合抱要牢固，抓握發力要整，以腰為軸，寸勁發力。

四十八、破擰折腕法

動作解說

1. 假設乙方雙手合抓甲右手向後擰轉。甲目視對方，

第二章／查拳拳法應用

圖 125   圖 126

腰向左轉，身體微向後斜；同時，右手提肘，手內旋至肋下，用掌根外緣橫壓乙右手拇指，解脫乙的右手擰拿；左手掌心向下置於腹前。（圖 125）

動作要領

要順著乙方擰勁的方向裏旋，揚肘壓指，破解抓擰。

2. 接上動。甲左手迅速接乙右手，拇指扣壓乙掌背外緣，其餘四指扣於乙拇指一側，鬆肩沉肘，加力外旋；同時，右手掌根猛切乙右手外緣。（圖 126）

動作要領

應先柔後剛，左手擰拿要借鬆肩沉肘之力，右手掌根合力猛搓，使乙右手反筋背骨。

3. 隨即甲重心猛然下沉，腰向左轉，雙手合拿乙手，加大對乙右手的擰轉角度，使乙前臂外翻，肘關節受擰轉被拉傷，側身倒地。（圖 127）

圖 127　　　　　　　　圖 128

動作要領

外扭下拉要連貫，並須快速完成動作。

四十九、折腕壓肘法

動作解說

1. 假設乙方右腳在前，用右沖拳擊甲上部。甲目視乙方，腰向右轉，左手外旋，揚前臂用尺骨向裏化乙來拳；右手順勢前臂上揚，採拿乙右拳，中指扣掐其虎口處，拇指扣住其小指掌骨。（圖 128）

動作要領

左手出手找肘，要隨腰動，待乙臂將伸直時，右手揚臂接拿乙右拳。

2. 甲隨即重心突然降低，左手屈腕扣住乙右臂肘關節處，固定在胸前；同時，右手外旋，向裏、向下擰轉，使

圖 129

圖 130

乙被迫折腕，再向上擰轉，與左手產生合力。（圖 129、
圖 130）

動作要領

要借乙右手回收之力，左手下壓固定其肘部，右手採
拿擰轉，要沉肩合肘，猛發合力。訓練時不可用剛脆急
勁，以免發生骨折事故，應該用柔中有剛的纏勁控制對
方，使對方認輸。

3. 甲重心繼續下降，右手採擰乙右手回收至腹前，左
手扣住乙右肘關節，用腕關節尺骨處猛壓乙肘關節，右手
上提，左手下壓，形成對拉力。（圖 131）

動作要領

右手向回拉引，擰扭上提；左手下壓，猛折乙方肘關
節。

圖 131

五十、合力捌腕法

動作解說

1. 假設乙方右腳在前,用右掌穿叉甲頸喉部。甲目視乙方,腰向右轉,重心微降,左腳向前上一步,落在乙右腿後面;左手扣腕,用尺骨處消化乙來勢,使乙掌落空。隨即右前臂上揚,托抓乙右掌四指,用力捏攏。(圖 132)

圖 132

動作要領

待乙方穿掌勁老時,進身鎖臂,扣腕接手,動作要連貫靈活,讓乙方有引勁落空上當的感覺。

圖 133　　　　　　　　　　圖 134

2.甲借機左手鎖住乙上臂向上托，右臂合肘，旋臂擰腕，橫捌乙右手腕關節。（圖133）

動作要領

兩膀收縮合力，控制乙上臂使其不能移動，旋臂擰腕要走橫弧下沉之勁，使乙方肘、腕非常難受。不可輕用，以防不測。

五十一、抓腕扛肘法

動作解說

假設乙方右腳在前，用右拳擊甲頭部。甲目視乙方，左手順勢抓住乙右腕後移，腰向左轉，右腳快速向前上一步，落在乙兩腳之間，並稍下蹲，將乙右手臂肘尖朝下扛於肩上。隨後立即站起，同時，左手用力向下猛拉，可使乙反肘。（圖134）

圖 135

動作要領

使用時必須快速協調，方能制人，若慢則必失勢；身體下降不能過低，否則會因幅度太大而錯過機會。

五十二、將軍托槍法

動作解說

假設乙方右腳在前，用右掌叉擊甲頭部。甲目視乙方，重心下降；同時右手前臂揚起，封乙右掌，並順勢抓拿乙四指；左手托乙肘關節，左手上托，右手下壓，猛撅乙右肘關節。（圖 135）

動作要領

只能在乙方直臂時進行，撅壓與上撅動作要同時完成。

圖 136　　　　　　　　圖 137

五十三、扳指解抱法

動作解說

假設乙方在甲身後攔腰合手抱住，欲使進攻動作。甲重心下沉，保持重心，左手抓乙左手腕，右手扳乙拇指，反向發力。（圖 136）

動作要領

只要乙哪一個手指好扳，就可以扳哪一個，不拘一格，扳住後猛發寸勁，立即見效。

五十四、轉身合拿法

動作解說

1. 假設乙方右腳在前，用右拳擊甲頭部。甲目視乙

圖 138　　　　　　　　　　圖 139

方，腰向右轉，右手裏旋，貼腮旁接乙右手腕；左手外
旋，收前臂，兩手合抱乙右手，用肘關節橈骨處向上撅乙
肘部。（圖 137）

　　動作要領

　　兩手合抱要準確有力，撅肘要猛，反其肘關節，使乙
右肘關節受制。

　　2. 甲迅速左胯下塌，腰向左轉；左腳尖儘量外展，重
心移至左腿；右腳向前上一步，腳尖內扣；同時，兩手合
抱乙右手向下、向上舉，擰乙手臂。（圖 138）

　　動作要領

　　兩手合抱要緊，不能鬆動，兩手由下而上要借腰力快
速擰轉。

　　3. 甲繼續左轉至背對乙平行站立；同時兩手合抱上
舉，從腦後向下收至胸前，並折乙腕。（圖 139）

圖 140　　　　　　　　圖 141

動作要領

雙手抓握要緊，隨腰的旋轉，手擰 360°，使對方腕、肘、肩部都不同程度受到損傷。

五十五、抓肩壓肘法

動作解說

1. 假設乙方右腳在前，用右手抓甲肩部。甲目視乙方，腰微左轉，重心稍向後。（圖 140）

動作要領

注意向左轉腰時，儘量使乙臂牽直。

2. 隨即甲右手內旋，按在乙右手背上面，左手前臂外旋用尺骨拐壓乙肘。（圖 141）

動作要領

當乙右手抓甲左肩時，在尚未抓緊的瞬間，甲即右手

圖 142　　　　　　　　圖 143

抓乙右手，使乙右臂內旋，伸直固定於甲肩上。

3. 甲重心突然下降成馬步；同時，左臂由下向右、向上、向內弧形下壓乙右肘尖。（圖 142）

動作要領

右手要使乙手反腕固定在左肩下，左手要相對下壓，乙方即會感到疼痛難忍。如果這個動作過猛，還能造成乙方腕關節、肘關節脫臼等嚴重損傷。在訓練拿法時，不要用力過猛，以免造成傷害事故。

五十六、防後抓肩法

動作解說

1. 假設乙方用右手從甲背後抓拿其右肩。甲轉頭目視乙方。（圖 143）

圖 144　　　　　　　　圖 145

動作要領

感覺乙方抓肩後，一定要肩部放鬆、下沉。

2. 甲隨即左手按住乙右手，腰向左轉，與乙形成側面。（圖 144）

動作要領

轉腰抓手動作要一致，使乙手固定在甲肩上，左轉腰牽直乙右臂。

3. 甲右臂突然上揚，向右轉腰，用肩關節轉擊乙腕，使乙肘關節擰轉至肘尖向上，同時用肘關節由上而下壓乙肘尖。（圖 145）

動作要領

抓握要緊，壓肘要準，寸勁發力。

4. 隨後甲重心猛然下降，左右手臂加強合力，以肩帶肘，以肘帶手，向下墜壓乙臂。（圖 146）

圖 146　　　　　　　圖 147

動作要領

整個動作要連貫有續，以腰為軸，下沉帶臂，如有失誤可變劈掌，進攻乙頭部。

五十七、纏臂下壓法

動作解說

1. 假設乙方右腳在前，用右手擊甲頭部。甲目視乙方，腰向左轉，左手裏纏接手採腕；右手裏纏，用肘別乙肘關節。（圖 147）

動作要領

抓採乙腕，屈臂別肘，要發彈抖力，使乙肘關節疼痛難忍而失去抵抗能力。

2. 甲乘勢腰向右轉，右腳向前跨一步；同時，右手繞到乙臂下，扣在乙左背肩井穴處；左手採拿乙右腕反折，

圖 148   圖 149

用手臂當支點折腕別肘。（圖 148）

動作要領

實用時，上步轉身要快，右手扣肩下按要有爆發力，左手採腕後拉，別肘要有脆勁，提防乙左手掏襠。

五十八、橫肘撅臂法

動作解說

假設乙方右腳在前，用右拳擊甲頭部。甲目視乙方，腰向右轉，右手裏纏採乙手腕用力向下扳，使乙拳心向上；同時左手外旋，肘部上揚，由下向上撅，與右手形成對拉力。（圖 149）

動作要領

右手抓住乙方的右腕關節時，要向上擰轉其右手，當拉直乙方右臂時，方可橫肘撅臂。

圖 150　　　　　　　　　　圖 151

五十九、連環擊頭法

1.假設乙方左腳在前站立，兩手伸出，左前右後，左長右短。甲迅速左手裏旋，向回猛壓帶乙左手；同時，右手握拳由外向內畫弧，腰微左轉，貫擊乙頭左側，力達拳面，拳眼向下。（圖 150）

2.隨即甲右腳進半步，落在乙左腿後面；同時左腳跟半步；右拳外旋，肘向裏收，以肩催肘，以肘催手，力達拳面，拳心斜向上鑽擊乙面部；左手向前置於肘關節處，用尺骨封乙左拳。（圖 151）

圖 152　　　　　　　　圖 153

3.接上動。甲右手沉肘回收，左手用掌跟蹤追擊，猛擊乙面部；同時後腳蹬地，腰向右轉，力達掌根。（圖152）

動作要領

見機速進，跟蹤追擊，貫拳時勁不要用老，鑽拳時翻手要快，推掌時要蹬地擰腰，旋臂推擊，連續沖打乙頭部。

招法的連環，可以前後連環，可以前前連環，也可後後連環，所謂「不招不架，只是一下，犯了招架，十下八下」。應因勢應用，隨機應變，可進可退，可攻可守，不得拘泥，所有各招學練時皆以此為要則。

圖 154

圖 155

六十、掄劈靠跌法

動作解說

1. 假設乙方左腳在前，右腳在後；左手在前，右手在後。甲見機速進，左手以肘為軸，前臂由下而上，再由上而下，立劈乙頭；右掌置於體側。乙出左手招架。（圖153）

2. 隨即甲左掌內旋，下壓回帶乙左臂至腹前；同時，左腳以腳跟為軸，外展45°，重心前移至左腿；右腳向前上一步，落在乙左腿後面；右掌由體側向上、向下、向前掄劈乙頭頸。（圖154）

3. 乙被劈頭如向後仰，甲順勢向下，用右肘壓擊乙胸部；左手採按乙前臂。（圖155）

圖 156

圖 157

4.甲腰繼續右轉，帶動上臂下沉，重心前移，用右肩靠擊乙左胸，使乙後仰倒地。（圖156）

動作要領

左掌進攻時，可虛可實，破乙陣勢後見機而進，利用轉腰上步下沉之力，立劈乙身，待乙受到重創後，再肘肩並靠，使乙措手不及。

六十一、拿臂頂肋法

動作解說

1.假設乙方左腳、左手在前。甲目視乙方，腰向左轉，左手裏旋，以肘為軸畫立圓，由內向外、向前、向下採抓乙左手腕，右掌置於右後側。（圖157）

圖 158　　　　　　　圖 159

動作要領

採腕時要先引後採。

2. 甲腰繼續左轉，左手抓住乙腕，向左後側猛帶；同時，左腿提起，用膝猛頂乙左側肋下；右手由後向上、向前、向後摟按乙頸右側。（圖 158）

動作要領

採臂、摟頸、頂膝要同時發力。

六十二、六擊連環法

動作解說

1. 假設甲用左沖拳擊乙頭部，右手置於體側。乙方左腳在前，出左手格架。（圖 159）

圖 160　　　　　　　　圖 161

　　2.甲左手順勢採抓乙前臂回收至體前，腰向左轉；右
拳外旋，由體側向上、向下、向前用拳背猛擊乙面部。
（圖 160）

　　3.隨即甲右手內旋，封乙右腕，肘突然下沉封乙右
臂；同時，左手鬆開乙左手，快速猛擊乙面部；步型不
變。（圖 161）

　　4.甲左手捋乙左臂回收；右拳變掌，以肘為軸，前臂
由下而上再往下，用掌背彈擊乙面部；步型不變。（圖
162）

　　5.甲左手裏旋，採抓乙左手腕；左腳以腳跟為軸外
展，重心落於左腿；右腳迅速向前上一步，落在乙身後兩
腳之間，成馬步；左手再借轉身之勢上架乙左手，高過頭
頂；同時右掌內旋變拳，前臂內收，由下而上，用肘穿擊
乙胸口處。（圖 163）

　　6.甲步型不變，身微前移，右前臂外崩，順乙胸部向

圖 162

圖 163

圖 164

上猛擊其喉頸、下頜。（圖 164）

動作要領

見機而進，不要盲目求快，要快中求準，準中求狠，狠中求穩。只要功力有，招招無敵手。

圖 165

圖 166

六十三、通天炮拳法

動作解說

1. 假設乙方右腳在前，用右沖拳擊甲上部。甲目視乙方，重心後移，左手上揚至腮下，右手握拳置於右胯前。（圖 165）

2. 甲右手變掌裏纏，採乙右手腕。（圖 166）

3. 甲迅速轉腰坐胯，重心下降；同時，右手向下、向左猛帶乙臂。隨即右腳外展，左腳上步與右腳並齊，兩腳間距 20 公分左右；左拳變掌，並順勢拿住乙後頸下按；右手變拳，向內、向上畫弧上沖，猛擊乙面部。（圖 167）

動作要領

採住乙右手腕後，右手沿弧形下採左帶，應以腰為軸，引動乙身體向前靠攏、向後旋轉，再借勢左手按乙後

圖 167　　　　　　　圖 168

頸下壓，右拳迅速上沖。謹防乙右拳借勢進攻。

六十四、連環掌擊法

動作解說

1. 假設乙方右腳在前，用右拳擊甲中路。甲目視乙方，腰向右轉；右手外旋，用前臂尺骨格化乙右來拳。（圖 168）

2. 甲腰微左轉，左手順勢採住乙左手腕，向左下撥；右手掌從右側向右、向上、向左扇擊乙方耳門。（圖 169）

圖 169

圖 170　　　　　　　　　圖 171

3.甲腰發力左轉，左手抓拿乙腕上架至頭頂上方；右肘下沉，前臂內收，手臂內旋，猛力向下橫擊乙小腹部（恥骨上），掌心向下，力達掌根；成馬步。（圖170）

4.甲腰向右轉，左手下壓乙右手，同時右掌上翻，用掌指尖穿乙眼鼻，逼乙後仰。（圖171）

5.甲左手抓乙腕關節猛然下採，右掌內旋，用掌根按擊乙胸口。（圖172）

6.甲腰發力左轉，左手抓拿乙腕上架至頭頂上方；右肘下沉，前臂內收，手臂內旋，猛力向下橫擊乙小腹部（恥骨上），掌心向下，力達掌根；成馬步。（圖173）

7.甲左手鬆開乙右手，沉肩合肘，右手接乙臂下将猛帶，左手乘勢搬住乙頭。（圖174）

8.甲腰左轉發力，重心下沉；同時，左手用力向下搬乙頭，右手上翻，屈臂，掌心向裏，用掌指戳擊乙咽喉。（圖175）

圖 172

圖 173

圖 174

圖 175

動作要領

　　每個招法既可單獨運用，也可混合使用，要靈活多變，關鍵是把動作練熟。熟才能生巧，招招制敵，再配合步法、腳法、踢、踩、踏、蹬、鉤、襯、套，隨勢而用。

圖 176 圖 177

六十五、雙風貫耳法

動作解說

1. 假設乙方左腳在前,用左拳擊甲上部。甲目視乙方,重心微後坐,右手臂向內畫一圈內旋,用尺骨化解乙左拳。乙接著又用右拳擊甲中路,甲左手臂向內畫弧內旋,用尺骨化解乙右拳。(圖 176)

2. 甲隨即兩手變拳,向外、向上弧形猛擊乙耳部或太陽穴。(圖 177)

動作要領

使用貫拳時,無論是單貫或者是雙貫,它的前提是:要設法把對方的手臂格擋在自己手臂的外側,動作必須連貫一致,隨化隨進方能奏效。此動作要在應急時才用。

圖 178　　　　　　　　圖 179

六十六、連環肘擊法

動作解說

1. 假設乙方右腳在前，用右拳擊甲上部。甲目視乙方，身形側立，右拳前臂揚起置於右腮旁，左拳置於左胯旁。（圖 178）

2. 甲腰隨即右轉，右腳向左腿後側叉步進身；同時，左手上揚，用肘關節封壓乙右臂肘彎處，右拳封乙右前臂。（圖 179）

3. 甲左腿向前橫上步，落在乙身後兩腳之間；右手順勢採抓乙腕向回猛帶，左手內旋裏扣，用肘尖穿擊乙胸口，兩手臂形成對拉力。（圖 180）

4. 甲左臂肘下沉左拐，前臂外旋，由內向左順乙肋右側向乙背後摟按；同時，左手抓乙前臂向左下推按，使乙

圖 180　　　　　　　　　圖 181

臂置於身後，隨即轉腰落胯，右蹬左弓，用右肘橫擊乙胸
部。（圖 181）

動作要領

當乙方右拳進攻時，叉步閃身，用肘封壓來拳發左肘
時，應貼肋隨身左轉穿擊。橫擊時要借蹬地轉腰發力，帶
動乙臂，與左手回收摟按形成合力。此動威力較大，切勿
亂用，以免出現傷害事故。

六十七、弓步雙擺法

動作解說

1. 假設乙方左腳在前，用左拳擊甲胸部。甲目視乙
方，重心下沉，腰向左轉，化乙來拳；同時，以右前臂尺
骨處滾壓乙上臂；左手抓乙手腕，由上而下，向左下方猛
帶，使乙身體前傾。（圖 182）

圖 182

圖 183

2. 甲隨即重心向右，腰向右轉，右手變鉤，順乙臂上向乙頸喉部猛力擊出；左肘粘封乙左臂，左掌置於右肘彎處。（圖 183）

圖 184　　　　　　　　　　　圖 185

動作要領

　　向回擺時，手要抓帶住對方的手臂、衣袖或頭髮，向左下方突然發力，在乙身體重心向前時，快速向上擺。此動作雙臂畫一整圈。

六十八、提膝盤肘法

動作解說

　　1. 假設乙方右腳在前，用右手擊甲上部。甲看準乙來拳的同時，左手由內向上、向前畫弧，順乙臂內側，隨化隨進；右手置於右胯旁。（圖 184）

　　2. 接上動。隨即左臂以肘為軸，前臂由上而下，繞乙上臂向右、向上猛挎，盤住乙肘關節，將乙前臂鎖在左臂腋下；同時，左腿提膝，頂壓乙後腰，使乙肩肘受損。此動作在查拳中稱「雙擺荷葉」。（圖 185）

圖 186　　　　　　　　　　圖 187

動作要領

　　左臂經胸前向上、向左、向下、向前畫弧至胸前屈肘，注意畫弧時不要僵硬，要粘住乙手臂，等盤住乙臂後，屈肘時再突發猛力，使乙肘肩受到反向牽拉而被控制。

六十九、擰頸膝頂法

動作解說

　　1. 假設乙方左腳在前，用雙拳撞擊甲中路。甲目視乙方，兩手揚臂內旋，用尺骨接乙來拳並順勢下捋，使乙上身前傾。（圖 186）

　　2. 甲借乙身體前傾未定，兩臂交叉合手，右手裏纏在乙右腮下，左手順纏在乙左腮下，合肘發力，使乙頸部扭曲。此動作在查拳中稱「小梅花手」。（圖 187）

　　3. 甲乘勢用左手採乙後頸，向回猛帶，使其上身前

圖 188　　　　　　　　圖 189

俯；右手收回由下向上、再向下猛劈乙後背；同時，左膝
提起，頂擊乙胸。（圖 188）

動作要領

先要使乙方的雙臂瞬間得以控制，再乘機速進。合手
旋臂時，要用鬆沉下墜之力，讓乙頸受到強有力的扭轉，
扭轉後再巧妙結合提膝劈掌，使對方連遭重創。

七十、連環拳擊法

動作解說

1.甲乙雙方對峙。（圖 189）

動作要領

交手前的應戰架勢有著極強的攻防意義。所擺姿勢，
能為下一動作的使用，創造有利的進攻條件。身體側向站
立，胸側向 45°，兩手伸出，一前一後，是散打搏擊、各

圖 190

個拳種的「開門勢」，既能防守封護，又可順勁利動。架勢大者，利在強擊，能威逼敵勢；架勢小者，利於閃躲避讓，體現後發制人；沒架勢者，利於迷惑對手，寓意深藏不露。其實在技擊中，只要有利於攻防，任何姿勢都可以採用，不能生搬硬套，要能隨機應變。

2. 假設乙右腳在前，右臂握拳前擊。甲見機速進，左腳向前上一步成左弓步；左掌外旋，從乙右臂上穿過，用掌尖直取乙頸部，掌心向上。此動作在查拳套路中多見，名曰「利箭穿喉」。（圖 190）

動作要領

穿掌時要鬆肩沉肘，用前臂尺骨處封壓乙右臂，蹬地、弓腿、上步、穿掌要協調一致。此招攻擊的是要害部位，切記慎用。

3. 甲左手快速內旋，抓乙右腕上提，使乙重心上拔；同時，右腳尖外展 45°，重心落於左腿，腰迅速向左轉，

圖 191   圖 192

上右步，右手變拳，由下而上借腰力猛擊乙胸口處。此動
作在查拳套路中，有「虛步挎拳」「弓步挎拳」，名曰
「掏心拳」。（圖 191）

動作要領

穿掌後乙必然用右臂上架，要借乙上架之勢，抓提乙
手。擊右拳時要隨步而上，弧形擊出。

4. 甲左手下落，再採抓乙左手，向回猛帶；右腳不動，
左腳向後叉步，重心下降；同時右手內旋，以肘為軸，由上
而下畫弧，向乙下腹部揮擊，力達拳輪。在查拳套路中有
「偷（叉）步揮擊」，名曰「回馬流星捶」。（圖 192）

動作要領

也可主攻腹部襠下，既快又順，操縱靈活，利用前臂
彈抖，形短勁快，在近戰中用途很大。還可配合其他招法
連續進攻，重複進攻。

5. 甲接著左腳先以腳掌為軸向裏旋腳後跟，再以腳尖

| 圖 193 | 圖 194 |

為軸外展腳尖，右腳以腳掌為軸外轉腳後跟，兩腳蹬地，腰向左轉；左手鬆開乙左手，借腰身旋轉之力，由前向後弧形擊出，力達拳輪。此動作在查拳套路中多次出現「轉身掃拳」，名曰「橫掃千軍」。（圖 193）

動作要領

身體旋轉要中正，以腰為軸，帶動左臂，近用肩肘，遠用拳掌，擊乙頭頸部。此動作力量大，一旦用上，威力可知。但它的旋轉幅度大，對方容易防守，一定要做到穩中求快，快中求準，準中求狠。

6. 乙如左臂上揚格擋甲左臂，甲左拳迅速變掌，順乙臂向下持採乙左腕，用力向下猛帶；同時左胯下沉，腰向左轉；右手握拳，由右側向乙頭部弧形擊出，力達拳面。此動作「弓步單貫拳」在查拳套路中多見，名曰「單風貫耳」。（圖 194）

圖 195

動作要領

此用法弧形側擊，屈臂掄轉，發力和沖直勁不同，擰腰轉體，充分利用腰法，力大勁沉，乃最重之拳。

七十一、蹬劈推按法

動作解說

1.假設甲左腳在前，出右掌引擊乙頭部。乙出右手格擋。此動作「擊步引掌」在查拳套路中多見，名曰「引蛇出洞」。（圖 195）

動作要領

甲出左掌時，用力不能僵硬，要隨機應變，虛中有實，實中有虛。可多次重複，連續進攻。

2.甲隨即左掌內旋，前臂內旋扣壓乙右拳；右掌平立，由後向下、向前、向上用掌指撩擊乙頭部。隨即左腿

圖 196　　　　　　　　圖 197

支撐身體重心，右腿提膝抬起，腳尖上翹，向乙胸腹部猛蹬，力達腳跟。此動作「墊步蹬腳」在查拳四路中名曰「喜鵲登枝」。（圖 196）

動作要領

左手下壓，要與右手撩掌形成上下對拉力，左手的帶採能造成乙身體的前傾，給右手的撩創造了有利的進攻條件。右掌的撩擊使乙身體後仰，又給蹬腳留下了進攻機會。所以說交手實戰要有節奏感，打時間差、空間差，快慢有序，意在人先。

3. 接著甲右腳向前落地，成右弓步；同時，右前臂上揚，右掌平立掌由上向下、向前劈打乙頭部，力達右掌外緣；左手托住右前臂，眼看乙方。此動作「弓步劈打」在四路查拳中名曰「力劈華山」。（圖 197）

動作要領

右腿蹬出後乙如後撤，左腳向前咯噔（聊城方言）一

圖 198　　　　　　　　　圖 199

步，右腳落地，步到手到，猛劈乙面。

4. 隨即甲腰向右轉，成前馬步；左掌內旋，由右臂下旋臂托按擊乙胸口，力達掌根；右手收於腰側。此動作「馬步托打」在四路查拳中名曰「閉門推月」。（圖198）

動作要領

轉腰托打，要隨腰而轉，前發後塌，與右腳的蹬地形成上下對拉。如單用此動作應先托住乙方下頜，使之後仰，然後再旋臂下按。

5. 隨即甲腰向左轉，成右前弓步；右手變拳，由體側向前沖擊，拳眼斜向上，力達拳面；左手回收至右臂彎內側。此動作「馬步托打」在四路查拳中名曰「流星趕月」。（圖199）

動作要領

出拳要蹬地、擰腰、送胯、旋臂、沉肘。查拳中要求

圖 200　　　　　　　　圖 201

「出拳似流星」「回手如火燒」。

七十二、捋手削掌法

動作解說

1. 假設乙方右腳在前，用右沖拳擊甲頭部。甲目視乙方，身體微後坐；同時，右手由內向上、向外畫弧，順勢抓採乙右手。（圖 200）

2. 甲右手繼續向右、向下、向內採乙右手，並將之置於右腹前，使乙拳心向上；同時，左手外旋向內、向上扶按在乙右肘上；轉腰沉胯，左腿後撤，兩腿交叉彎曲，兩手借重心下降之力捋乙右臂。此動作「歇步捋手」在四路查拳中名曰「大梅花手」。（圖 201）

動作要領

使用時，右手在上時，左手就在下；左手在左時，右

圖 202　　　　　　　圖 203

手就在右。此動作右手向下時發力下採，左手在上扶乙右臂下捋，使乙重心隨之下降。此動作可使對方肘部受傷，並能前仆倒地。

3. 接著甲左手再由下向上、向外畫弧，用掌根削擊乙喉頸；右手採乙腕向下畫弧，兩手形成對拉力。（圖202）

動作要領

此動作是「大梅花手」的反手，一般在查拳套路中左右練習，正手防守，反手進攻，可以正削也可反削，左右使用能使乙方措手不及。

七十三、攔穿推按法

動作解說

1. 假設乙方右腳在前，用右拳擊甲頭部。甲目視乙

圖 204　　　　　　　　圖 205

方，重心後移，腰微右轉；右手握拳於胸前，左手置於左
腹前。（圖 203）

2. 甲左手前臂上揚內旋，向內、向下畫弧，封乙來
拳；同時重心後坐，右拳變掌置於右胸前。此動作虛步按
掌在查拳套路中很多，名曰「單手攔車」。（圖 204）

3. 甲隨即腰向左轉，右腳蹬地，左腿前弓，重心前
移；同時，右掌用力向乙咽喉插擊；左手封採乙手不動。
此動作「弓步穿掌」在查拳套路中多見，名曰「金槍制
喉」。（圖 205）

動作要領

要見機速進，用掌尖猛力插擊乙咽喉，但要注意穿擊
點的準確性。弓步穿掌在掌法中攻擊距離最長、速度最
快，能放長擊遠，迅疾難防。此招主傷咽喉，咽喉處有聲
帶、食管、氣管，非常脆弱，是人體攻擊要害，非關鍵時
刻，不能使用。

圖 206

圖 207

4. 隨即甲左腳向前上步，落在乙右腳後側，重心後移，成半虛步；同時，右掌內旋坐腕，用掌根按擊乙胸口處；左手採封住乙手向回帶，形成前後對拉力。此動作「虛步按掌」在查拳套路中多見，名曰「單掌推碑」。（圖 206）

動作要領

發掌時要前發後塌，正向前推，此招接觸面大，控制面大，震動力強，有「隔豆擊石」的說法，功力深厚者，能損其內臟，再加上直力，還能破壞對方的重心，使之仰跌。

5. 緊接著甲左腳向前上步，落在乙兩腿之間，成馬步；左手外旋，順乙手臂上上揚，用肘關節用力下壓乙胸部；右手下移，再用掌根向下發按勁，猛擊乙腹部。此動作在四路查拳中名曰「白鶴亮翅」。本用法是左亮翅，在套路中是右亮翅。（圖 207）

圖 208

動作要領

甲左腳上步時，左膝要緊靠乙左腿彎，封鎖乙腿使其不能後撤。肘擊按掌，要向左下方發力，能使乙方胸腹受損，後仰倒地。

七十四、砸上撩下法

動作解說

1. 假設乙方右腳在前，用右手抓甲左肩。甲目視乙方，腰向左轉，重心微降；同時，右手內旋，向下按乙右手；左手拳心向下置於腹前。此動作是四路查拳中的抓肩動作。（圖 208）

動作要領

形似抓肩，實際是向下按壓，以化解乙抓的動作。

2. 隨即甲身體向前，重心落於左腿；左拳由下而上向

圖 209　　　　　　　圖 210

前、向下用拳背猛砸乙面；右手同時也由下而上向後、向下砸拳。在查拳套路中有弓步砸拳、馬步砸拳等，此動作是後虛步砸拳，名曰「油錘貫頂」。（圖 209）

動作要領

砸拳時注意要發腰力，做到以腰帶肩、以肩帶肘、以肘帶拳，節節貫串。右手向相反方向同樣擊出，一則保持平衡，二則防後有人。

3. 隨即甲重心突降，成馬步；同時，左拳裏旋，前臂由上而下，向前反擊乙腹部，力達拳面，拳眼向下；右手做相反的同樣動作。此動作名曰「猛虎掏腸」。（圖 210）

動作要領

乙被甲砸頭後，身必後仰，腹部前挺，甲應迅速使身體重心下降，反手猛擊。此招打上擊下，可反覆應用。

圖 211　　　　　　　　圖 212

七十五、撩下鎖上擊中法

動作解說

1.可接上動。假設乙方右腳在前，甲上左腳落在乙腳後面，成左弓步；左手內旋伸出抓控乙右臂；右手變掌置於體側身後，掌外緣向上。此動作是四路查拳中的「弓步撩推掌」，名曰「退馬擋車」。（圖 211）

動作要領

左手抓乙臂時要有向前、向下、向外的勁，控制乙方身體重心。

2.上動不停。甲腰迅速向左旋轉，右臂由後向下、向前、向上猛擊乙襠部，力達虎口。此動作在查拳套路中多見，名曰「海底撈月」。（圖 212）

圖 213　　　　　　　圖 214

動作要領

此動作要以肩帶臂，只要將對方身體引至前傾，都可以用此撩法。此招主攻下陰，既快又長，並且非常隱蔽，不易被察覺。下陰是男人的重要部位，只需準確，不需重擊，一旦擊中，即時疼痛難忍，一個不會武功的人，甚至一個孩童，就足以傷害一個壯男子。

3. 緊接上動。甲屈臂沉肘，右臂上揚，拇指張開，順乙胸前向上托拿乙喉頸，步型不變。此動作是四路查拳套路中的「弓步撩推掌」，名曰「霸王敬酒」。（圖213）

動作要領

使用撩陰掌後，乙身體必然前傾，甲順勢屈肘、揚臂，托掐乙咽喉。

4. 甲左弓步不變；右手回收屈於右腮前，指尖向上，手心向內，肘尖向下，隨即右掌以小指側為力點，迅速向乙胸部推擊；身體微左轉；眼看乙方。此動作是四路查拳

圖 215　　　　　　　　圖 216

中的弓步撩推掌，名曰「鐵扇開城」。（圖 214）

動作要領

轉腰，蹬地，身手須一齊俱到，又須意到、氣到、勁到，發力時要動短、意遠、勁長，將人擲出。

七十六、拿臂按頸法

動作解說

1. 假設乙方右腳在前，右手在前左手在後，欲伺機進攻。甲目視乙方，重心後坐，見機速進，左手突然抓乙腕向下採。（圖 215）

2. 上動不停。甲繼續採乙右手向左裏纏擰轉；同時上右腳，落在乙右腳裏側；右手裏纏、掌心向下迅速採抓乙後頸。此動作在查拳套路中多見，名曰「關公推磨」「二爺推磨」。（圖 216）

圖 217　　　　　　　　　　圖 218

動作要領

採腕拿手要走弧線，上步採頸動作要協調一致，向回猛帶。

3. 甲左手控制乙右手突然向前猛推，使乙身體向右旋轉；右手採乙後頸再向左推，用右膝外側磕砸乙面部。此動作名曰「牽牛過欄」。（圖 217）

動作要領

左手推拿右臂和右手採頸回帶要形成弧形對拉，膝磕撞乙面時要用爆發力。此動作非常險絕，非關鍵時刻，切勿亂用。

4. 上動不停。甲左手迅速外旋擰乙手臂，鬆肩合肘向胸前合抱，使乙臂反向豎直；右手採住乙後頸向下猛按，使乙頭部磕地。此動作名曰「跪地求饒」。（圖 218）

動作要領

合抱採拿乙臂要有下沉合鎖之勁，控制乙身體使其沒

圖 219

有迴旋的餘地，右手順勢下按。此動作能使對方腕損、肩扭、頭傷，非關鍵時刻，切勿亂用。

七十七、撅臂挑掌法

動作解說

1. 假設乙方右腳在前，用右手擊甲頭部。甲目視乙方，重心後坐，腰向右轉；同時，右手由下而上順勢抓乙右腕；左手微屈置於右胯旁。此動作是四路查拳中的「虛步上架」，名曰「呂仙披袍」。（圖 219）

　動作要領

要看乙方來勢，接拳用尺骨，手要逆纏抓腕上提，重心微下沉。

2. 上動不停。右手採抓乙腕猛力下壓置於上腹部；同時，左手由下而上成立掌，發力用肘彎撅擊乙肘關節，用

圖 220

圖 221

掌尖挑擊乙咽喉。此動作是四路查拳中的「虛步挑掌」，名曰「槍挑梁王」。（圖 220）

七十八、叉步擊肘法

動作解說

1. 可接上動。甲左腳尖內扣，腰向右轉，右腿向左腿後叉步，背對乙方；同時，右手裏旋，揚前臂，借轉腰之際，將乙手臂放於左肩上；左手抓乙上臂。此動作在四路查拳中名曰「果老架驢」。（圖 221）

動作要領

轉身叉步填肩要協調一致，肩靠搣臂，勁力要整。

2. 上動不停。右手繼續抓乙手腕向前領，腰向左轉；左肘向乙胸部用力穿擊；目視乙方。此動作是四路查拳中的「叉步頂肘」，名曰「青龍出洞」。（圖 222）

圖 222　　　　　　　　　　圖 223

七十九、上穿壓肘法

動作解說

1. 假設甲方見機用左掌直穿乙眼。乙右手格化。此動作名曰「巧女紉針」。（圖223）

2. 甲右腳向前上步；右手向前封捋乙臂，順勢抓乙左腕向回猛帶；左手先下按乙臂，再以掌尖穿插乙頸，隨即坐腕反掌，用掌根猛擊乙下頜。此動作是十路查拳中的「弓步上穿掌」，名曰「老鴨上步伸頸啄」。（圖224）

動作要領

左手穿、壓、插、推，掌法要清晰，不同的掌法有著不同的技擊效果，宜與右手形成前後對拉力。

3. 緊接上動。甲隨即重心後坐，左肩前順，右肩後牽；左前臂彎曲內收，掌心向上，沉肩肘墜，用肘尖壓擊

圖 224　　　　　　　　　　　　圖 225

乙胸口。再用右手按照上述做法進攻，左右交替使用，名曰「老鴨換步」。（圖 225）

動作要領

身體重心下降，要轉腰坐胯，左右上步如同鴨行，再配合身法，別具風格，用法獨特。

八十、提勾雙按法

動作解說

1. 甲乙合步對峙後，甲腰向左轉，右掌由外向內用掌心扇擊乙。乙用左前臂格架。（圖 226）

2. 上動不停。甲右手裏纏下翻，向下、向內回撥至右腹前；同時左手由下向外、向內弧線扇擊。乙右手再格化。此動作名曰「白虎洗臉」。（圖 227）

圖 226

圖 227

動作要領

實用時搭手要有纏繞粘隨的勁，當扇擊對方時，對方格架，再向下、向外畫圈時對方的手已在我方手的外邊，再進攻就能奏效，左右反覆使用，效果極佳。兩人練習時可像太極推手那樣，兩人相互找勁。

圖 228

3.上動不停。左手再內旋下壓回收至左腹前，隨即雙手變鉤，用鉤指點壓扣拿乙雙側肩井穴，也可抓扣乙方鎖骨。接著再用鉤頂猛擊乙頸下頜。此動作是八路查拳中的「弓步雙勾」，名曰「雙龍出洞」。（圖 228）

圖 229 　　　　　　　　　圖 230

動作要領

雙手出擊要突然快捷，點壓扣拿，一旦拿準，要瞬間發力，否則雙手齊出，變拿為打。

4.上動不停。雙手順勢變掌，沉肩、墜肘、坐腕，向下、向前用掌根坐按乙胸部。此動作是查拳中的「弓步推掌」，名曰「雙掌推碑」。（圖229）

動作要領

當對方胸部空間暴露時，一定要不失時機，快速用下沉之勁按擊乙要害部位。

八十一、頂上踩下法

動作解說

1.假設乙方右腳在前，用右拳擊甲頭部。甲目視乙方，右手由內向上掤接乙手，抓住乙手腕上舉至頭頂；左

圖 231　　　　　　　　圖 232

手握拳置於左胯旁；兩腳並立。此動作名曰「霸王舉
鼎」。（圖 230）

　　2. 上動不停。甲右手外旋擰拿乙腕，突然下採回落，
迫使乙身前躬；同時，左腿抬起，用膝頂乙面部；左手握
拳上揚。此動作名曰「獨立打虎」。（圖 231）

　　動作要領

　　採手下落與提腿頂膝要形成上下對拉力。

　　3. 甲重心猛然下降，左腳快速貫勁下落，猛烈震跺乙
右腳面；同時，左拳下栽，擊乙後腦。此動作名曰「金剛
搗杵」。（圖 232）

　　動作要領

　　震腳在拳理上使氣沉勁整。步型變化，前後退步或跌
步、墊步，應根據對敵搏鬥時的情況和遠近而定。

導引養生功

1 疏筋壯骨功＋VCD
定價350元

2 導引保健功＋VCD
定價350元

3 頤身九段錦＋VCD
定價350元

4 九九還童功＋VCD
定價350元

5 舒心平血功＋VCD
定價350元

6 益氣養肺功＋VCD
定價350元

7 養生太極扇＋VCD
定價350元

8 養生太極棒＋VCD
定價350元

9 導引養生形體詩韻＋VCD
定價350元

10 四十九式經絡動功＋VCD
定價350元

張廣德養生著作　每冊定價350元

全系列為彩色圖解附教學光碟

輕鬆學武術

1 二十四式太極拳＋VCD
定價250元

2 四十二式太極拳＋VCD
定價250元

3 八式十六式太極拳＋VCD
定價250元

4 三十二式太極劍＋VCD
定價250元

5 四十二式太極劍＋VCD
定價250元

6 二十八式木蘭拳＋VCD
定價250元

7 三十八式木蘭扇＋VCD
定價250元

8 四十八式太極劍＋VCD
定價250元

彩色圖解太極武術

1 太極功夫扇
定價220元

2 武當太極劍
定價220元

3 楊式太極劍
定價220元

4 楊式太極刀
定價220元

5 二十四式太極拳+VCD
定價350元

6 三十二式太極劍+VCD
定價350元

7 四十二式太極劍+VCD
定價350元

8 四十二式太極拳+VCD
定價350元

9 楊式十六式太極劍
定價350元

10 楊氏二十八式太極拳+VCD
定價350元

11 楊式太極拳四十式+VCD
定價350元

12 陳式太極拳五十六式+VCD
定價350元

13 吳式太極拳五十六式+VCD
定價350元

14 精簡陳式太極拳八式十六式
定價220元

15 精簡吳式太極拳三十八式 拳架・推手
定價220元

16 夕陽美功夫扇
定價220元

17 綜合四十八式太極拳+VCD
定價350元

18 三十二式太極拳 四段
定價220元

19 楊式三十七式太極拳+VCD
定價350元

20 楊氏五十一式太極劍+VCD
定價350元

21 嫡傳楊家太極拳精練二十八式
定價220元

22 嫡傳楊家太極劍五十一式
定價220元

國家圖書館出版品預行編目資料

中國查拳實用拳法 / 丁明業　主編
　　——初版，——臺北市，大展，2008〔民97.06〕
　　　　面；21公分 ——（中華傳統武術；16）
　　　　ISBN　978－957－468－623－0（平裝）
　　1.拳術　2.中國
528.972　　　　　　　　　　　　　　　　97008546

中國查拳實用拳法　　ISBN 978－957－468－623－0

主　　編／丁明業
責任編輯／朱曉峰
發 行 人／蔡森明
出 版 者／大展出版社有限公司
社　　址／台北市北投區（石牌）致遠一路2段12巷1號
電　　話／（02）28236031・28236033・28233123
傳　　真／（02）28272069
郵政劃撥／01669551
網　　址／www.dah-jaan.com.tw
E－mail／service@dah-jaan.com.tw
登 記 證／局版臺業字第2171號
承 印 者／傳興印刷有限公司
裝　　訂／建鑫裝訂有限公司
排 版 者／弘益電腦排版有限公司
授 權 者／北京人民體育出版社
初版1刷／2008年（民97年）7月

定　價／220元

●本書若有破損、缺頁敬請寄回本社更換●

大展好書　好書大展
品嘗好書　冠群可期

大展好書　好書大展
品嘗好書・　冠群可期